面向东盟的金融开放门户改革创新典型案例（2019）编委会

前　言

2018年12月，经国务院批复同意，中国人民银行、银保监会、证监会等13部委联合印发了《广西壮族自治区建设面向东盟的金融开放门户总体方案》，广西建设面向东盟的金融开放门户正式上升为国家战略。

为建好金融开放门户，广西始终坚持党的领导，坚决贯彻落实党中央、国务院决策部署，确保金融改革的正确方向。实行领导小组+指挥部制，自治区主席任领导小组组长，自治区常务副主席任指挥部指挥长。完善各项工作机制，积极争取国家部委的支持，统筹调度各方力量参与，逐步形成众人拾柴火焰高的局面。广西正力争成为我国金融改革的重要试验场、区域金融改革的重要参考系、金融业"走出去"的重要出发地、金融业"引进来"的重要衔接区和人民币国际化的重要先行区。

为建好金融开放门户，广西始终坚持政策引领，完善顶层设计，编制完成五年实施规划和三年行动计划，形成20余份配套政策和实施方案。明确金融功能布局，争创保险综合创新、绿色金融改革创新、跨境金融创新、金融服务乡村振兴四大示范区；打造金融后台服务、财富管理服务、金融信息服务、金融交流培训四大基地；建设区域性人民币离岸金融、区域性货币交易清算、跨境投融资服务、跨境金融中介服务四大中心；健全大宗商品现货交易、黄金产业交易、区域股权投资、区域产权交易四大市场。优化金融空间布局，形成"一主一副一批"金融空间布局。着力在南宁打造金融开放门户的核心区，建设中国—东盟金融城。发挥北部湾国际门户港优势，打造北钦防区域性航运金融中心。依托资源禀赋，打造一批特色金融城市和金融改革示范区。

为建好金融开放门户，广西始终坚持创新驱动，各金融机构与广西签订战略合作协议30余份，达成合作事项300项，协议执行率达90%。2019年形成可复制可推广经验38项，其中全国首创14项，全国较早开展6项，广西首创18项，形成典型案例27项，评选出中银香港东南亚业务营运中心、中国太平设立东盟区域总部等十大案例，营造出良好的创新氛围。

为了更好地鼓励各金融部门的创新热情，特将部分优秀的案例集合编辑出版，限于我们的能力和水平，文稿中可能会存在一些错漏，敬请读者不吝指正！

面向东盟的金融开放门户改革创新典型案例

（2019）

TYPICAL CASES OF REFORM AND INNOVATION OF THE OPEN FINANCIAL DOOR TO ASEAN (2019)

广西建设面向东盟的金融开放门户指挥部办公室　编

社会科学文献出版社
SOCIAL SCIENCES ACADEMIC PRESS (CHINA)

目 录

一　创新案例

二　优秀案例

三　可复制可推广的创新事项

一　创新案例

“十个统一”模式优化金融营商环境

一　情况概述

2019年，为进一步优化营商环境，更大程度激发金融市场活力，擦亮金融招商引资的“金字招牌”，围绕“扩大金融服务业对内对外开放”的具体任务与“四大示范区”、“四大中心”、“四大基地”和“四大市场”等重大金融发展平台建设，由来自广西建设面向东盟的金融开放门户领导小组办公室（以下简称自治区门户办）、广西银保监局、南宁市政府等有关部门同志组成的工作团队深入研究金融市场发展情况和金融机构布局情况，精准遴选重要金融机构进行重点推介，汇报广西经济金融的新局面和“金融开放门户战略＋东盟信息港战略＋西部陆海新通道战略＋自贸区战略＋国家物流枢纽”五位一体的政策体系，推动政府与机构达成合作意向。2019年9月至11月仅三个月内，赴北京、上海、广州、深圳、成都、曼谷、新加坡等地，频繁拜访境内外金融机构20多家，取得了积极成效。

全年来看，自治区政府与国家开发银行、进出口银行、农业发

图 1　2019 年 5 月　自治区地方金融监管局局长范世祥在新加坡推介金融开放门户建设

展银行、工商银行、农业银行、中国银行、建设银行、交通银行、邮储银行、中国银联、中国人保、中国人寿、中国信保、中国太平、中再集团、中国太保、中国平安、上海证券交易所、深圳证券交易所、中国人民大学、开泰银行等 20 多家单位签署共同推进广西建设面向东盟的金融开放门户战略合作协议（或备忘录）。“政、金、智”合作新篇章已全面开启，携手铸就“百项合作、万亿融资”的共商共建金融开放门户发展态势，深化金融开放合作不断迈向新高度。

二　主要模式和成效

通过全年一系列实践，逐步形成和归纳总结优化金融营商环境的“十个统一”模式，拟在全区推广使用，吸引更多境内外金融机构集聚，促进自治区建立起与全方位开放格局相匹配的现代金融体系。

图 2　2019 年 7 月共同推进广西建设面向东盟的金融开放门户北京座谈会现场

（一）队伍配置统一

各设区市金融办或财政局、投资促进局、有关金融机构等为开展金融招商工作配置了专门团队和人员，并保持队伍的稳定性，这有利于对金融机构的持续跟踪服务，通过久久为功，实现机构落地。参与工作人员对各项金融工作都有基本了解，具有较强的综合分析能力，能严格遵守政治纪律、组织纪律和保密纪律。

自治区门户办“走出去”开展招商活动（拜访机构和召开推介交流会），主要由自治区地方金融监管局范世祥局长、战勇副局长带队，自治区门户办有关部门负责人等 1 ~3 人共同参与；南宁市政府组织的招商活动（拜访机构和展会推介），也主要由伍娟副市长、五象新区管委会农冰副主任带队，固定的有关同志 1 ~2 位参与。中银香港东南亚业务营运中心和中国太平保险集团设立东盟保险服务中心在第 16 届中国—东盟博览会期间落户开业，上述人员均全程参与对接、拜访、交流、跟进、落地服务等。

（二）宣传视频、宣介 PPT 统一

宣传视频和宣介 PPT 用于重大会议、推介交流会议、展会、主题招商、专题宣介等场合，内容包含广西基本情况介绍、国家赋予广西的历史机遇与政策环境、广西和各设区市出台的配套政策、面向东盟的金融开放门户建设进展情况、招商咨询路径等，各设区市可以结合本区市的特色情况进行内容补充，并根据建设推进情况及时更新相关信息。

自治区门户办从 2019 年 1 月 22 日参加东盟各国领事新春茶话会起，对《广西壮族自治区建设面向东盟的金融开放门户总体方案》有关内容进行宣介，制作和使用专题 PPT。为筹备 2019 年 7 月 12 日自治区党委、政府在北京召开的“共同推进广西建设面向东盟的金融开放门户座谈会”，制作和使用了“开放、合作与创新：共建面向东盟的金融开放门户”专题宣传片。此后，在“第 11 届中国—东盟金融合作与发展领袖论坛暨建设面向东盟的金融开放门户峰会”等多场重要会议和在新加坡、泰国举办的“共建共享面向东盟金融开放门户、西部陆海新通道暨中国—东盟信息港推介交流会”等多场重大推介交流会上，均使用了经不断修改、补充、完善的专题宣传视频和宣介 PPT。专题宣传视频成为推介交流会的固定议程，无论是自治区领导宣介还是自治区地方金融监管局或南宁市政府有关领导宣介，都使用制作精美的宣介 PPT，参会嘉宾对此给予了积极和正面反馈，表示自治区地方金融监管局的宣介感召力很强、给人留下深刻的印象，他们能够了解到所需要的信息。

（三）汇报材料、招商资料统一

汇报材料包含两个：一是向拜访机构介绍情况的材料，包括广西金融业发展的基本情况（历史机遇、出台的政策、金融开放门户建

设进展情况）及诉求，拟拜访机构和有关负责人的背景材料等；二是招商活动结束后向上级主管部门汇报招商情况的材料，包括招商引资的主要成效及下一步的重点工作。招商资料包含两个：一是具体招商活动细案。在开展具体招商工作前需制订招商细案，明确招商目的，进行合理分工，按照行程计划开展招商活动。二是宣传资料（册子）。用于重大会议、推介交流会议、展会、主题招商等场合，内容包含国家赋予广西的历史机遇与政策环境、配套政策、金融开放门户建设进展情况、招商咨询路径等，各设区市可以结合本区市的特色情况进行内容补充，并根据建设推进情况及时更新相关信息。

自治区门户办在直接对接拜访中外资金融机构总部的同时，指导设区市开展金融招商，为吸引金融机构入驻广西、释放广西金融活力、优化广西营商环境探索好的经验和模式。为了解决不同人员、不同设区市拜访机构的流程不同、对广西金融外界形象的宣传口径不同等问题，2019 年 9 月底，在自治区门户办招商小组赴上海拜访新加坡大华银行上海总部、建信金融科技公司、城银清算服务公司后，组织有关参与招商的人员编写了《金融招商拜访活动标准流程及文本范本》，并在 10 月下旬赴深圳拜访开泰银行（中国）有限公司、深圳证券交易所、国银金融租赁股份有限公司、中国（深圳）综合开发研究院时使用了该流程和材料范本。经过完善，在 11 月上旬第二届中国国际进口博览会期间再次赴上海拜访华侨永亨银行（中国）有限公司、星展银行（中国）有限公司、盘谷银行（中国）有限公司、正信银行有限公司、上海保险交易所、中保投资有限公司等机构时，均使用了《金融招商拜访活动标准流程及文本范本》。这些准备充分、规范化的招商拜访活动，既使被拜访机构对广西金融业发展留下深刻印象、留下日后可以再详细了解的政策措施和日常对接联络人的联系方式等资料，又大大减轻招商团队拜访前工作准备量、提高招商活动后汇报总结的工作效率、提升招商效果。

（四）政策框架、协议文本统一

自治区地方金融监管局准备了统一的金融监管政策框架，主要包括两类政策文件：一是国家部委文件，包括人民银行、银保监会、证监会等印发的关于金融机构新设机构、机构变更、迁址落户等管理规定；二是地方文件，包括自治区和各设区市印发的招商优惠政策。

在金融招商拜访活动中，面对一些二次或三次拜访的机构，以及对到广西设立机构或开展业务合作已产生兴趣、希望进一步了解有关准入政策和优惠政策等信息的，招商团队在制订具体拜访方案时，做好人员和物料的准备，以备需要。例如，2019 年 9 月底，自治区门户办招商小组在赴上海拜访新加坡大华银行上海总部前，通过准备背景材料，了解到 2018 年自治区原副主席丁向群在新加坡拜访过大华银行总部，推动该行在广西设立分支机构有关事宜。因此，此次拜访活动特别邀请了广西银保监局外资处的负责人参加，并提前准备了外资银行在中国设立分支机构的有关政策材料；请南宁市金融办银保科负责人参加，并提前准备了金融机构落户南宁的优惠政策等材料。经过充分准备，以及招商小组负责人战勇副局长现场的发挥和应变，新加坡大华银行上海总部拜访活动取得积极效果，其主要负责人全程参加座谈会、亲自介绍大华银行在中国的机构布局和业务开展情况，并对参与广西跨境金融合作产生浓厚兴趣。

自治区地方金融监管局准备战略合作协议（合作备忘录）或意向书范本，包括合作目标、合作内容、合作机制等。各设区市结合地区发展现状以及招商实际情况进行优化完善。合作协议签署后一周内报自治区地方金融监管局备案。

2019 年 12 月 3 日，自治区政府在泰国举办“共建共享面向东盟金融开放门户、西部陆海新通道暨中国—东盟信息港推介交流会”，并在会议上与有关机构举行签约仪式。为了巩固前期自治区和南宁市两级政府部门相关领导多次拜访开泰银行，吸引其到广西设立分支机构的招商效果，拟在此次推介交流会上，由自治区地方金融监管局与开泰银行签订战略合作备忘录。在了解到因语言文字等差异，准备协议文本需要较长时间等因素后，自治区门户办主动向开泰银行提供合作备忘录中英文版本，并指定一名熟悉泰语和英语的专人联系、对接、报审协议，为12 月 3 日的顺利签约打下良好基础。

（五）步调节奏、环节控制统一

各设区市按照“五步法”开展金融招商工作。第一步，确定拟拜访金融机构名单，制订工作计划或方案，报经本级机构主要负责人同意后，由专职团队和人员组织落实。此次拜访目的是让拟拜访金融机构了解广西金融业发展情况和机遇，以及有关金融招商政策等。第二步，招商活动结束后 3 个工作日内向上级报送总结材料，包含拜访成效和下一步工作计划。指定专人对接联络，分析电话跟踪的信息，择机开展第二次拜访。此次拜访目的是针对金融机构的合作条件和诉求，提供解决方案，引发其到广西设立机构的兴趣。第三步，请本市领导再次上门拜访，推动金融机构签订战略合作协议（合作备忘录）或意向书。第四步，如有必要，请自治区领导拜访金融机构总部领导，邀请其总部和相关部门领导来桂考察并推动其做出设立机构的最后决策。第五步，专职团队或人员持续推动和帮助金融机构完成落户手续等。

（六）评价反馈统一

一是建立决策评价机制。自治区门户办定期或不定期举行会议，解决在开展金融招商过程中规划定位、项目引进、建设运营等方面的问题，总结评价年度招商成效和经验教训，开展优秀案例评比。二是建立高效反馈机制。各设区市落实专人负责金融招商项目在接洽、签约、落地、建设等过程中的信息收集，每月向自治区门户办反馈，紧急事项可随时报送。

2019年底，自治区地方金融监管局对广西金融空间布局课题进行了招标，目的就是为2020年全面启动全区金融大招商进行前期策划，通过自治区引导，设区市主导，各设区市抓住金融产业链核心企业、核心才智团队、主导性金融资源，依托金融集团公司或龙头机构，以产业链招商、引智招商、以商招商的多元化招商方式和招商渠道开展招商，实现靶向发力，精准招商，促进金融招商尽快取得成效。另外，与中国（深圳）综合发展研究院开展务实合作，提高南宁市的招商竞争力，更好地服务于中国—东盟金融城招商工作。2019年南宁市在《中国金融中心指数（CDI CFCI）报告》中的排名比2018年提升6位。2020年开始，各设区市通过每月更新上报“金融招商项目库信息表”，向领导小组汇报本市招商情况。领导小组结合实际情况对各设区市的招商工作进行评价，年终开展优秀案例评比，对招商活动开展质量高、效果好，以及落地机构和项目优的设区市、单位或机构进行精神和物质奖励。

三　值得推广的经验

（一）探索优化营商环境新模式，建立金融招商常态化机制

针对近两年各设区市反映的金融招商缺乏熟悉政策的专业化人才、成套的标准化资料和统一的行动部署等问题，金融营商环境不佳、金融机构集聚效应不明显等现状，广西壮族自治区人民政府制定《广西壮族自治区建设面向东盟的金融开放门户招商工作方案》，通过自身实践探索形成符合实际的利用金融招商优化营商环境的“十个统一”模式，即统一的宣传视频、统一的宣介PPT、统一的汇报材料、统一的招商资料、统一的政策框架、统一的协议文本、统一的队伍配置、统一的步调节奏、统一的环节控制和统一的评价反馈，为今后全区开展金融招商固

定模式、提供案例、形成表率，并逐步建立起金融招商策划宣传、有序实施、有效落地、评价督查的常态化机制，进一步优化广西金融营商环境，为金融机构健康发展营造良好的市场氛围。

（二）加强对外联系合作，形成金融交流合作长效机制

在金融招商工作中有意识地加强对外联系，逐步形成长效机制，将有利于凝聚各方共识和力量，实现更优招商效果。一是加强与上海金融部门对接联系。抓住国家赋予上海和广西国家金融战略的契机，强化双方有机衔接，推动上海、广西地方金融监管局战略合作，主动融入上海国际金融中心建设，承接上海国际金融中心的资源溢出，推动更多注册在上海的外资机构中国法人在广西设立分支机构，形成金融机构健康发展的良好营商环境。二是加强与西部陆海新通道沿线省份金融部门对接联系。以西部陆海新通道为载体，探索建立14省金融联席会议机制，推动金融服务一体化建设。三是积极争取中央及国务院各部委的支持。推动建立部际联席会议机制，充分发挥“一行两局”作用，抢抓并深化中国银联、跨境银行间支付清算公司（CIPS）、城银清算服务公司、中国银保信公司、中保投资公司、亚洲基础设施银行、丝路基金等部属、会属金融机构到广西发展。

（三）强化金融专题招商，打造“引机构、引商、引才、引智、引制”高效机制

2019年举办的几场大型综合性推介交流会取得积极成效，未来“以商招商、专题招商、精准招商、系统招商”等精细化招商工作需要强化，自治区层面和各设区市还将通过举办“保险创新综合试验区专题招商行动”“面向东盟的金融大数据中心专题招商行动”等金融专题招商，实现引进一批外资金融机构、落地一批示范性合作项目、形成一批金融重大平台，最终实现“引机构、引商、引才、引智、引制”，到

2023 年基本建成面向东盟的金融开放门户，建立起与全方位开放格局相匹配的现代金融体系，使广西的营商环境更加优化。

四　创新点

（一）首创性

利用金融招商优化营商环境“十个统一”模式是广西兼全国首创，是金融开放门户领导小组办公室实践探索的成果，解决了金融招商活动专业化人才不足和实效不突出的问题，进一步优化了广西金融营商环境。

（二）可复制可推广

由于“十个统一”模式涉及的宣传视频、宣介 PPT、汇报材料、招商资料、政策框架、协议文本均为标准化格式，提出的队伍配置以及开展金融招商活动的步调节奏、环节控制和评价反馈环节均为标准化动作，因此十分便于全区复制推广。

（三）强化金融软实力建设

自治区启动广西金融空间布局规划及金融业重大专项规划研究，加强与中国（深圳）综合开发研究院合作，提高南宁市金融竞争力，对接北京大学、清华大学、中国人民大学、复旦大学、中国社会科学院等重点院校及科研机构，加快推进中国—东盟金融合作学院的设立，加强广西金融软实力建设。设计利用金融招商优化营商环境“十个统一”模式，是金融软实力建设的重要组成部分。

本文主创团队：广西壮族自治区地方金融监督管理局
执笔人：韦瑞智、蓝勇平

央地联动推动保险创新综合试验区建设

一　情况概述

在中国银保监会指导，自治区党委、自治区人民政府领导下，2019年，广西地方金融监管局、广西银保监局精心组织各级各相关部门落实《广西壮族自治区建设面向东盟的金融开放门户总体方案》，制定《创建保险创新综合试验区实施方案》及其配套政策，大力推进保险创新综合试验区建设，积极引导保险业服务民生保障建设，促进了金融改革创新和经济提质增效：全区经济平稳运行，中国东盟金融城建设渐成规模，保险稳健发展。重点改革事项稳步推进，机动车商业保险改革让保险消费者普遍受益，农业保险提标、增品、扩面，特色农产品保险种类增加，跨境保险走在全国前列，跨境劳务人员人身意外保险提档升级，险资入桂取得新突破。

二　主要模式和成效

（一）支持中国—东盟金融城建设有新进展

2019 年 9 月，中国首家面向东盟的保险区域总部——太平保险东盟保险服务中心落户中国—东盟金融城，并实行实体化运作。该中心成立以来，承保了越南、新加坡、泰国 3 个国家的近 10 个重大项目，提供了 73.1 亿元的国际化风险保障。截至 2019 年末，9 家保险公司省级分公司入驻中国—东盟金融城，还有 6 家省级分公司即将入驻，6 家保险公司（集团）已经建成或购买办公大楼，中国人保（广西）金融大厦项目正在推进中。

图1　中国—东盟金融城

（二）面向东盟的跨境保险有新突破

完善了跨境保险服务体系，保险公司在东兴、凭祥等边境县（市）设立了跨境保险服务中心，在出入境口岸设立了跨境保险服务网点或服务窗口，将保险服务延伸到跨境经贸往来最前沿。深化跨境保险产品创新，2019 年，跨境车险累计承保进出境车辆 8.6 万台次，提供风险保障 79.4 亿元；跨境务工人员意外伤害保险提档升级，2019 年累计为超过 15 万人次提供 270 多亿元的保险保障；与海关合作创新进出口贸易“先放行、后缴税”的通关便捷服务，其中人保财险广西分公司全年为 115 家企业出具 452 笔关税保证保险保单，为企业释放 9.05 亿元的关税保证金，节约了关税成本，提高了通关效率。跨境保险交流合作取得新进展，成功举办第 5 届中国—东盟保险合作与发展论坛，并取得银保监会支持，形成举办论坛的常态化机制；社团组织间的合作交流取得突破，崇左市保险行业协会与越南保险行业协会建立了常态化的交流沟通机制；保险机构间的战略合作扩大，人保财险、平安财险、华安财险先后与越南的保险公司签订了战略合作协议。

（三）服务“一带一路”和西部陆海新通道建设有新支撑

一是聚焦服务西部陆海新通道境内外港口码头、产业园等基础设施，为其建设提供保险服务。中国信保累计为北部湾港务集团提供17.5亿美元保险保障，支持海外港口“珍珠链”、马来西亚关丹产业园等园区、马来西亚联合钢铁厂等工厂建设；人保财险为沿边地区的文化旅游业、农产品加工、临海工业园等重大项目建设提供配套保险保障111.4亿元。二是助力高新技术企业和小微企业拓展海外市场。中国信保发挥政策性保险优势，保证自治区高新技术企业免受贸易环境恶化的影响，实现业务正增长。全年服务小微企业2000多家，“一对一”签单率达到75.9%，提供出口信用保险保障13.6亿美元，同比增加46.9%。三是持续推动保单增信融资工作。中国信保全年支持出口企业实现保单增信融资1466.4万美元。

（四）服务实体经济助推高质量发展有新举措

一是积极引资入桂支持重点项目建设。据初步统计，全年保险资金在广西投资余额已突破500亿元，达到540亿元。人保集团支持广西干线公路等4个项目建设40亿元；人保财险通过“政保银”合作方式，支持35家小微企业获得4363万元的贷款，签约工业高质量发展银保企对接项目66个；中国人寿通过债权投资计划支持广西交投集团项目建设20亿元，到区国资委直属的6家企业开展项目投资考察活动；中国太平注资15亿元入股广西金融投资集团旗下金通公司，通过太平金融租赁提供20亿元支持南宁轨道交通建设；中国平安以债权的方式，为广西区属及地市国企、涉农中小企业提供资金支持超过47亿元；泰康保险集团累计投资91亿元，投资余额54亿元；阳光保险集团投资总额15亿元；太平洋保险集团投资总额92亿元。二是为区重点项目和重点企业提供风险保障。如中国人寿承保广西交投集团关联在建工程项目23个，累计风险保障165亿元，支付赔款超千万元。

（五）服务乡村振兴助力脱贫攻坚有新贡献

一是推进特色农业保险产品创新。太平洋财险推出茉莉花降雨指数保险、“牛保姆”金融服务方案；人保财险探索扩大农业价格指数保险、气象指数保险、农业收入保险等新型农业保险规模。二是创新支农融资，助力精准脱贫。人保财险对广西20个深度贫困县的农业保险实行降低保费、提高保额的优惠措施，复制推广都按“贷牛还牛”保险扶贫模式，为全区8个市县授信21亿元支农融资额度，已经使用3.5亿元；中国人寿2013年以来先后累计向龙州、天等县投入9700多万元资金，助力两县脱贫攻坚。三是创新扶贫模式。中国人寿将大新县健康扶贫“一站式”经办服务模式复制推广到崇左全辖；在龙州县试点“精准防贫项目”，防止出现新的致贫返贫。四是助力恢复生猪养殖。广西保险业因非洲猪瘟累计赔付13.2亿元，减轻了养殖户损失和政府负担，为恢复生猪养殖创造了条件。

（六）辅助社会治理、支持康养产业发展有新模式

一是辅助社会治理。通过涉诉财产保险解决诉前财产保全难和判决“执行难”问题。如中国人保为全区3100多个涉诉财产保全案件提供担保，释放保证金94.9亿元，为90家法院提供执行救助保险保障568.8万元，向365起执行难案件支付赔款500.7万元；中国人寿持续开展的计划生育家庭保险和关爱女性健康“两癌”保险，全年赔付超过1.1亿元，助力促进社会和谐稳定；人保财险开办综合治安保险，助

力平安广西建设，提高城乡居民安全感。二是发展具有特色的健康养老服务产业。如总投资30亿元的泰康人寿养老社区“桂园”落户南宁；新华人寿投资3000余万元成立了南宁卓越健康体检中心；合众人寿在南宁建成合众优年养老社区一期项目，并启动二期项目建设；平安保险建设惠民智慧城市，落地平安好医生一分钟诊所项目；中国太平保险集团正在与南宁市对接推进高端养老社区项目——太平小镇。太平小镇项目是对鹿心社书记香港出访成果的再落实。

三　值得推广的经验

（一）工作机制是推进保险创新综合试验区建设的根本

一是发挥政府组织推动作用，广西建设面向东盟的金融开放门户领导小组统一组织指挥保险创新综合试验区建设，领导小组办公室负责试验区建设日常事务。二是建立沟通协调机制，地方金融监管局与广西银保监局形成信息互通、工作互动的协作机制，分别向自治区政府和银保监会定期汇报工作，争取政策支持。三是建立工作责任制，广西银保监局成立相应的工作领导小组，领导小组下设办公室负责日常统筹协调，领导小组每季度召开一次工作会议，研究部署金融开放门户建设的各项工作，将推进创建工作落到相关处室。四是建立宣传引导机制，实行各级各部门政务信息报送通报制，压实信息报送责任，定期印发工作专报及时反映金融门户和保险创新试验区建设成绩及存在问题，并发送国家相关部委、自治区领导及相关厅局和各金融机构。

（二）政策引领是推进保险创新综合试验区建设的保障

一是制定了金融开放门户建设五年实施规划，明确了保险创新综合试验区建设重点任务、责任单位和序时进度。二是制定了《创建保险创新综合试验区实施方案》，明确10方面30项任务的具体内容和责任单位。三是完善配套政策，研究起草了金融开放门户建设支持政策，在人才、用地、用电等方面给予相应的优惠措施，指导南宁市制定了东盟金融城建设规划和支持金融门户建设政策，采取财政措施鼓励机构入驻金融城和开展改革创新。四是加强工作指导，研究起草了《金融开放门户92项重点改革创新事项》和《保险创新综合试验区建设路径及相应措施》等配套文件，作为各级各相关部门开展保险创新试验区建设工作的指南和参考，鼓励各地市结合自身的区位优势、政策优势和产业特点创建独具特色的保险创新产业园、示范区。

（三）形成合力是推进保险创新综合试验区建设的关键

一是广西银保监局发挥监管机关优势，推动保险机构进一步解放思想、提高站位，把思想和行动统一到自治区党委政府的决策部署上来，积极支持、参与金融开放门户和保险创新综合试验区建设。二是辖区保险机构发挥市场主体作用，积极响应自治区党委政府号召，围绕《创建保险创新综合试验区实施方案》的目标任务，建立工作机制，落实工作职责，把保险创新试验区建设纳入总体工作统一进行谋划、部署和落实。三是三方联动协同推进。保险公司与地方政府联动，7家保险集团（公司）与自治区政府建立了战略合作关系，共建共享金融开放门户和保险创新综合试验区；监管机关与保险机构联动，广西银保监局积极指导保险机构开展产品、服务创新，推动保险业服务实体经济建设，保险机构结合自身业务优势开展创新，在跨境保险、农业保险、总部建设等方面纷纷取得突破；保险公司总分联动，集团总部加强与自治区政府沟通，确定重点合作领域和项目，省级分公司在保险业务、投融资、康养产业、保险科技、脱贫攻坚、智慧城市与云服务建设等方面开展创新。

（四）宣传引导是推进保险创新综合试验区建设的基础

一是开展新闻宣传。广西地方金融监管局和广西银保监局分别在3～4月和7～8月集中开展宣传月活动，邀请政府领导、院校专家对政策进行解读，对各银行保险机构的创新工作进行宣传报道。二是加强政策宣导。广西银保监局分层组织本局干部开展学习《创建保险创新综合试验区实施方案》及相关配套文件，分管领导组织银行保险机构负责人学习金融门户建设及保险创新试验区建设文件，确保保险机构工作推进中肩上有责、心中有数、行动有方。三是协调解决难题。广西银保监局通过会议调研等多种方式，听取保险机构反映工作推进过程中存在的问题，着力加以协调和解决，构建发现问题、解决问题、推进建设的机制，全面推动保险创新综合试验区建设工作的顺利开展。四是加强调研指导。发挥调研发现问题、反馈情况、解决问题的作用，广西地方金融监管局和广西银保监局联合组成调研组赴人保财险、中国人寿、中国太平等12家保险公司驻桂分公司展开专题调研，及时撰写调研报告，反映保险创新综合试验区建设取得的成绩和存在的问题，提出具体意见和建议。

四　创新点

（一）全国首创

在自由贸易试验区内首家提出创建保险综合试验区，建立全国首家面向东盟的区域保险总部、首家跨境保险支公司、首家跨境保险服务中心，形成全国首家跨境保险社团组织合作机制，跨境保险走在全国前列。

（二）推行创建制

保险创新综合试验区建设采取创建制，即引导各地市自主申报建设试点单位，然后制订评审标准组织评审，选取基础条件好、积极性高的4个地市作为试点单位先行先试，创建各具特色的保险创新产业园、示范区。

（三）机制健全

形成了推动试验区建设的组织推动、沟通协调、责任落实和宣传引导4个工作机制，确保试验区建设过程中遇到的难点、痛点、堵点得以及时解决，确保重大改革创新事项得以顺利推进实施。建立了财政支持的3类激励政策，对设立引进保险机构、保险产品服务创新和引进保险资金给予一定的财政补贴，激发市场主体改革创新的积极性。

本文主创团队：广西壮族自治区地方金融监督管理局
中国银行保险监督管理委员会广西监管局
执笔人：李邦利、唐秀熙

推动人民币对越南盾、柬埔寨瑞尔等国家货币在广西银行间市场直接挂牌交易

根据《广西壮族自治区建设面向东盟的金融开放门户总体方案》，中国人民银行南宁中心支行主动作为，以市场需求为导向，积极争取中国人民银行总行的支持，创新推出人民币对越南盾、柬埔寨瑞尔等东盟国家货币直接挂牌交易，构建更加完善的要素市场化配置体制机制，促进中国—东盟区域的金融要素聚集和优化配置。截至 2020 年 6 月末，广西已建立起以银行柜台挂牌为基础、银行间市场区域交易为支撑的人民币对东盟国家货币直接交易体系。

一　情况概述

随着"一带一路"倡议和中国—东盟自由贸易区升级版建设的深入推进，中国与东盟经贸合作展现出强劲动力和蓬勃活力，双边贸易投资活动越来越多地使用本币结算，个人、企业、银行等市场主体对人民币与东盟国家货币直接挂牌交易的市场需求不断增强。为有效降低双边汇兑风险，节约交易成本，促进贸易和投资便利化，中国人民银行南宁中心支行充分发挥市场在资源配置中的决定性作用，通过"三步骤"创新发展人民币对东盟国家货币直接挂牌交易。

一是推出人民币对东盟国家货币银行柜台直接挂牌交易，为经济主体提供透明的汇率价格。截至 2020 年 6 月末，广西商业银行已在柜台挂牌人民币对泰铢、菲律宾比索、新加坡元、马来西亚林吉特、越南

盾、印度尼西亚卢比、柬埔寨瑞尔、老挝基普和缅甸元等 9 个东盟国家货币的直接汇价。

二是探索“抱团定价”“轮值定价”银行柜台挂牌汇价定价机制。在东兴、凭祥、靖西三地搭建人民币对越南盾汇率挂牌信息服务系统，形成“轮值银行报价，各参与银行统一执行”的银行柜台挂牌汇价定价机制。

三是以市场化运作方式，推出人民币对柬埔寨瑞尔银行间市场区域交易。截至 2020 年 6 月末，共有 11 家广西辖内商业银行参与人民币对柬埔寨瑞尔银行间区域交易，其中 3 家境外银行（柬埔寨加华银行、中国银行金边分行和中国工商银行金边分行），柬埔寨加华银行是全国首例引入的非中资境外银行参与银行间市场区域交易。

图 1　2017 年 9 月 13 日人民币对柬埔寨瑞尔银行间市场区域交易启动仪式

二　主要模式和成效

（一）以“抱团定价”“轮值定价”模式，建立人民币与越南盾汇率“零售市场”定价机制

越南是中国在东盟地区最大的贸易伙伴，也是广西第一大贸易伙

伴，对越贸易在广西外贸进出口中的比重约为四成。同时，越南是第一个与中国签署双边本币结算协定的国家，广西七成左右跨境人民币结算集中在越南，是我国对越跨境人民币业务结算量最大的省区，结算量占中越跨境人民币结算量的比重过半，广西形成全国最大的人民币对越南盾货币兑换市场。为满足市场主体降低汇兑成本的需求，中国人民银行南宁中心支行组织并指导东兴市从事边贸结算的商业银行，搭建人民币对越南盾汇率挂牌信息服务系统，形成人民币兑越南盾柜台挂牌“抱团定价”“轮值定价”的“东兴模式”，即由东兴市工商银行、农业银行、中国银行、建设银行等四家商业银行每周轮值报价，每日在信息服务系统发布人民币兑越南盾柜台挂牌汇价、中方银行人民币买入越南盾指导价和越南代理银行人民币购售美元汇价等三个价格，供各参与行共同执行。该模式已在东兴、凭祥、靖西三地实施，并复制推广到我国其他沿边省区。2019 年以来，广西商业银行通过“抱团定价”模式累计办理人民币对越南盾柜台挂牌交易 171.7 亿元，为经济主体节省汇兑成本超过 3000 万元。

（二）以市场化运作模式，推出人民币对柬埔寨瑞尔银行间市场区域交易，为区域金融机构提供了高效的货币交易“批发市场”

在银行柜台开展人民币对东盟国家货币挂牌交易的基础上，中国人民银行南宁中心支行推动广西辖内商业银行共同成立“广西银行间市场区域交易自律小组”，依托中国外汇交易中心区域交易子系统，自律开展人民币对柬埔寨瑞尔等东盟国家货币银行间市场区域交易。交易模式为双边询价、即期交易（包括 T+0、T+1 和 T+2），交易双方自行清算。推出人民币对柬埔寨瑞尔银行间市场区域交易的主要功能：一是汇率价格发现，形成人民币对柬埔寨瑞尔直接汇率，为确定中柬双边货币汇率基准，促进汇率由“批发市场”向“零售市场”传导发挥积极作用；二是平补头寸余缺，商业银行可以通过人民币与柬埔寨瑞尔的交易，调剂货币头寸余缺，管理汇率风险；三是支持本币结算，帮助市场主体规避汇率波动风险、节约汇兑成本。广西银行间市场区域交易开展以来，市场运行平稳，资金清算渠道通畅，交易量稳步增加，为广西开展更大范围和更高层次的金融开放合作创造了有利条件。

三　值得推广的经验

（一）形成人民币对柬埔寨瑞尔等东盟国家的直接汇率

人民币对柬埔寨瑞尔银行间市场区域交易的推出，打通不同地域之间、银行之间人民币与柬埔寨瑞尔的兑换通道，搭建起人民币对柬埔寨瑞尔直接汇率形成、配置金融资源、管理汇率风险的基础平台，为市场主体提供了透明的人民币对柬埔寨瑞尔兑换价格，有效降低市场主体的汇率风险，节约兑换成本，促进中柬双边贸易和投资便利化。人民币对柬埔寨瑞尔的银行间市场直接挂牌交易已推广、复制到人民币对我国其他周边国家货币的直接挂牌交易，未来并有望推广复制到更多“一带一路”沿线国家和地区。

（二）以“抱团定价”“轮值定价”方式，建立人民币与越南盾汇率“零售市场”定价机制

“抱团定价”模式将中方银行集合成一个整体，在统一基准价上与越方银行商议汇价，提升了中方银行的汇率议价能力和定价话语权。形成的挂牌汇率相较民间汇率也更优惠，受到经济主体的广泛欢迎和认可。

（三）拓宽我国外汇市场的广度和深度

人民币对柬埔寨瑞尔银行间市场区域交易作为全国统一的银行间外汇市场交易的延伸，是全国首个以市场化运作方式、地方金融机构依行

业自律方式组织交易的区域金融创新试点，进一步拓宽了我国外汇市场的广度和宽度。

（四）促进中国（广西）与越南、柬埔寨的经贸往来和发展

人民币对越南盾、柬埔寨瑞尔直接挂牌交易的推出，形成反映市场需求的双边货币汇率，满足经济主体降低汇兑成本的需要，进一步促进了中国（广西）与越南、柬埔寨的经济、贸易和投资往来。同时，为中国（广西）与越南、柬埔寨双边本币结算提供便利，进一步提高了人民币结算效率，扩大了人民币的跨境使用。

四　创新点

（一）全国首创性推出人民币对柬埔寨瑞尔的银行间交易市场

人民币对柬埔寨瑞尔的直接交易，有利于形成人民币与柬埔寨瑞尔的直接汇率，促进双边本币的跨境使用，摆脱中国和东盟国家对美元的依赖，改变过往中国与东盟国家货币通过美元进行汇率套算的被动局面，从而促进中国（广西）与东盟的经贸发展，也为进一步推动人民币与其他周边国家货币、“一带一路”沿线国家和地区货币的直接交易积累了可推广、可复制经验，从长远上看，有利于加速人民币国际化进程。

（二）创新性引入东盟国家金融机构加入人民币对柬埔寨瑞尔的银行间交易市场，从质上扩大了市场的“朋友圈”，增强了市场的参与度、活跃度

有利于活跃银行间交易市场，加强与东盟国家金融机构的良性互动，促进人民币与东盟国家货币直接汇率的形成。

（三）为广西和东盟金融机构开拓了业务范围和盈利增长点，促进了金融产品和服务的创新

有助于广西形成人民币与东盟国家货币区域挂牌交易的中心，丰富跨境金融服务体系，支持双边贸易投资中使用本币计价、结算和收付。

本文主创团队：中国人民银行南宁中心支行

执笔人：谢钢、曾慕李

边境口岸互市贸易结算互联互通信息平台

为进一步落实《广西壮族自治区建设面向东盟的金融开放门户总体方案》中有关“开展口岸贸易结算互联互通体系建设，依托国际贸易‘单一窗口’，推动商务、海关、税务、金融等部门之间数据交换共享，建立基于大数据的口岸贸易结算信息服务平台和高效监管模式，为跨境贸易和跨境电子商务提供服务”的要求，中国人民银行南宁中心支行与广西金融电子结算服务中心、中国—东盟信息港股份有限公司联合打造了广西边境口岸互市贸易结算互联互通信息平台（以下简称“互联互通平台”或“平台”）。互联互通平台立足边民互市贸易结算场景，依托贸易往来数据、金融资源和前沿信息技术，为边民和边民互助组提供在线结算申请服务，为银行提供贸易真实性核验服务，为政府部门提供数字化监管抓手，构建交易结算便捷化、贸易结算一体化、智慧监管可视化的边民互市贸易结算体系，形成“信息互换、监管互认、执法互助”的穿透式监管合力。

一　案例介绍

（一）背景情况

为全面贯彻落实党的十九大和十九届二中、三中全会精神以及中央赋予广西“三大定位”新使命和“五个扎实”新要求，加快建设面向东盟的金融开放门户，中国人民银行南宁中心支行与广西金融电子结算服务中心、中国—东盟信息港股份有限公司根据市场和业务调研情况，围绕提升数据处理水平、完善系统功能架构、建设高效快捷核验通道、提升广西边贸结算效率和合规管理水平的需求，依托金融科技技术，通过建设一套数据共享模块、一套结算业务处理模块、一套监管监测模块，实现智能匹配、大数据分析和智能监测预警等功能，促进广西边民互市贸易结算业务规范化、阳光化发展，逐步实现“真边民、真交易、真结算、无纸化、可监管”五大要求。

（二）主要做法

1. 加强数据共享，提供便捷的结算服务

将数据的核验统一到通过口岸服务中心接口传输，杜绝纸质单据录入，切实防范结算信息重复生成和使用的“一单多结”问题，避免单据或数据传输不同步导致的数据“双花”，规范数据使用的唯一性和服务中心结算发起流程，降低管理成本和难度。

2. 强化科技应用，打造高效的结算通道

在平台上核验结算申请数据时，银行无须通过手工单笔录入或制作表格批量导入数据，可通过接口方式线上传输，从而直接获取核验结果。其不仅提升了数据的安全性和准确性，还对银行业务办理效率、人力成本管理、业务识别和合规性管理等起到提升和加强的作用。

3. 增加部门合作，形成跨境结算监管合力

通过边贸商流、物流、资金流、信息流互联互通，以及与监管方、银行、第三方机构等平台参与方信息互换，实现边贸交易的全流程数据共享。通过大数据监测和报表分析，校验数据真实性和监控使用规范性，为政府和监管部门提供强有力的技术支持。

（三）取得成效

1. 便利真实性审核

平台高效汇集边民身份信息、口岸商铺信息、交易下单数据、账户

信息等市场信息，通过向商业银行提供业务真实性核验匹配结果、结算处理状态、结算超期情况等数据，达成边贸业务商流、物流、资金流与信息流的“四流合一”，实现互市贸易结算的全流程数据共享，以校验数据真实性。平台上线以来，通过风险监控和合规督导，边民互市贸易重复结算业务预警数据笔数从上线初期的每月 200 笔左右，减少到 2019 年 12 月的 16 笔，违规操作情况得到大幅限制。

2. 大幅提升结算效率

平台实现了商业银行与边民结算申请指令的直接连通，通过数据线上传输和核验结果直接获取，商业银行无须手工单笔录入交易数据和接收审核纸质单据，确保了信息安全准确和结算效率的提升。业务办理耗时从以前的单笔半个小时以上，降低至现在的单笔 1 分钟。2018 年 12 月，互联互通平台正式上线运行，实现了边民互市贸易结算信息线上传输、贸易真实性无纸化核验、业务监测分析等全流程功能。截至 2019 年 12 月末，平台已基本覆盖全区主要口岸和边贸结算银行，连接崇左、防城港和百色三个边境地市共计 13 个互市点、16 家口岸服务中心、9 家结算银行以及 2 家第三方支付公司，服务互市贸易结算金额达 222 亿元，服务边民近 10 万人，有效提升了边民互市贸易结算便利化水平，促进了边民互市贸易的规范合规，支持了广西边境地区经济高质量发展。

3. 有效规范业务管理

平台通过大数据分析监测工具，通过业务关键指标统计报表、异常行为监测记录、可视化数据大屏等具体应用，把控重复结算、超额结算、超期结算等违规风险，为政府和监管部门工作决策提供强有力的技术支持，促进广西边民互市贸易结算业务规范化、阳光化发展，逐步实现“真边民、真交易、真结算、无纸化、可监管”五大要求。

二 创新点

（一）实现无纸化业务操作

有效整合市场和政务数据，运用数据内容不可篡改、加密保障的技术手段，将边民原来对贸易单证的线下纸质传递，优化为线上电子传输；将商业银行原来对业务单据的手工录入、纸质保管，优化为程序接口自动接收、批量核验和系统数据库存储。通过数据全流程运用、信息无纸化传输，减少了纸质材料递交和现场确认环节，实现了边民少跑路少制单的无纸化业务办理操作。

（二）提供数字化金融服务

通过科技赋能，帮助边民高效传输互市贸易结算申请指令；依托互市贸易大数据，向商业银行精准提供互市贸易报关与结算信息查询服务；建立互市贸易结算主体黑白名单库和信用体系，向监管部门提供异常数据预警指标。

（三）建立全方位监管机制

推动跨部门间的“信息互换、监管互认、执法互助”，实现边民、商业银行、管理部门之间的数据交换和互联互通，构建新的合作机制。通过协同管理，打造全方位监管机制和完整经济金融生态圈，实现边贸结算全程可监管、逐笔业务贸易真实性可追溯的全方位监管格局。

三 应用价值

（一）聚焦民生，立足地方经济特色

边民互市贸易是广西特色边境贸易模式，也是边境地区广大边民脱

贫致富的重要手段。互联互通平台的建设，提升了边民政务服务的效能，提高了互市贸易结算效率，对广西边境地区经济发展、稳边固边富边、口岸经济健康有序发展均具有重大意义。2018 年 12 月平台上线运行后，迅速推广到崇左、防城港和百色三个边境地市，有效惠及了边境地区广大边民。

（二）把握痛点，精准解决业务难题

互联互通平台精准把握边民互市贸易结算，贸易背景核验难度大，笔数多、金额小、手工操作耗时长的痛点，一方面，简化业务流程，提高结算效率，充分满足边民和商业银行对结算便利化、改善营商环境的合理诉求；另一方面，便利监管机构及时掌握贸易动态，分析贸易结算数据，对边贸业务进行针对性指导，做到灵活监管。

（三）开拓创新，充分利用信息技术

根据业务规模和系统运营的实际需求，积极推动互联网、大数据等先进技术的运用，在符合业务基本逻辑的前提下创新系统流程，而不是单纯把线下业务搬到线上。在结算流程管理的关键部位设置监管节点，借助区块链数据技术、分布式网络结构等多元化信息技术，实现平台的实时监测、数据交互和大数据分析。

本文主创团队：中国人民银行南宁中心支行
广西金融电子结算服务中心
中国—东盟信息港股份有限公司
执笔人：韦青均、陈燕云

“四融合力”推动面向东盟金融开放门户建设

国家开发银行广西壮族自治区分行立足开发性金融方法论，通过“融智”引导、“融制”创新、“融资”支持和“融商”共建，将开发性金融与广西建设面向东盟的金融开放门户紧密结合，探索出了一条开发性金融支持广西金融开放门户建设的特色道路。具体而言，首先是规划引导，通过编制《开发性金融支持建设面向东盟的金融开放门户规划研究》等规划咨询报告，提升金融门户发展内生动力。其次是创新市场化融资模式，支持广西基础设施补短板项目、重点产业园区建设，着力构建可持续的市场体制机制。再次是加大融资支持力度，投放境外人民币贷款 15.46 亿元，外汇贷款 10.49 亿美元，国际合作项目贷款 12.73 亿美元，以融资支持推动金融开放门户建设。最后是发挥桥梁纽带作用，积极引导东部地区企业到广西投资兴业，进一步推动外部资源在广西聚集。在新时期背景下，开发性金融的相关实践，从密切银政合作关系、创新战略客户合作模式、培养综合金融服务能力等方面，为广西建设金融开放门户提供了有力借鉴。

一　情况概述

自国家开发银行与广西壮族自治区人民政府签订《共同推进广西建设面向东盟的金融开放门户合作备忘录》（以下简称《合作备忘录》）以来，国家开发银行广西壮族自治区分行高度重视合作备忘录的贯彻落实，国际业务得到迅速发展，为服务广西建设面向东盟的金融开放门户提供了重要支撑。首先，加快推进跨境人民币业务，助推人民币国际化进程。2019 年，该行发放境外人民币贷款 15 亿余元，重点支持斯里兰卡科伦坡港口城基础设施等当地重大项目建设，助力提高人民币国际影响力。其次，支持广西重点企业“走出去”。2019 年，该行发放外币贷款 10 亿余美元，为柳钢、北部湾港务等广西重点企业提供信贷支持，助力企业开拓国际市场，提升广西经济开放程度。截至 2019 年 12 月末，该行外币贷款余额 46.53 亿美元，外汇贷款市场份额继续保持广西同业首位。最后，全力推进“一带一路”重点项目合作。配合第二届“一带一路”高峰论坛，推动实现金边至西哈努克港高速公路项目和斯里兰卡人民银行授信项目合同签订工作，签约成果被列入第二届“一带一路”国际合作高峰论坛成果清单。2019 年，该行发放国际合作项目贷款（含境外人民币）近 13 亿美元，助力书写“一带一路”高质量发展篇章。

二　主要模式和成效

广西建设面向东盟的金融开放门户是一项复杂的系统工程，需要金融机构拿出系统性金融支持方案。在支持金融门户建设的过程中，开发性金融通过规划引导和市场机制构建，支持地方经济发展，优化营商软硬环境，为外部企业赴桂投资兴业创造良好条件，同时也为金融门户发展带来强劲动力，成为开发性金融助推金融门户建设的有力抓手。主要模式和成效如下。

（一）加强“融智”服务，提升金融门户发展内生动力

国家开发银行广西壮族自治区分行坚持以规划引领，围绕政府热点难点，提供行业发展、区域发展、金融生态和综合金融等全方位融智服务。在对外开放方面，积极参与“广西打造面向东盟的金融开放门户”

研究，抽调相关处室的业务骨干，编制了《开发性金融支持建设面向东盟的金融开放门户规划研究》，以政策咨询助力广西建设面向东盟的金融开放门户；在人民币国际化方面，编制《柬埔寨离岸金融中心研究报告》等相关方案，获得柬方高度认可；在乡村振兴和口岸经济发展方面，该行积极与广西财经学院、广西产业经济与城乡发展研究会等区内高端智库开展合作，共同编制《百色市乡村振兴示范市规划研究》《广西口岸经济发展规划研究》等规划研究报告，为广西经济社会发展提供“开行方案”。

（二）推动“融制”创新，探索服务实体经济发展新模式

实体经济是金融门户建设的重要支撑。在原有融资模式难以为继的情况下，打造市场化融资主体、坚守不新增地方隐性债务底线、不断创新筹划新的融资机制，成为国家开发银行广西壮族自治区分行服务实体经济发展的重中之重。

在支持基础设施补短板项目上，该行以“市场主导、资源整合、制度创新、综合平衡”为基本思路，通过将项目、资源与融资主体进行有效匹配，创新市场化融资模式，构建可持续综合现金流，完善风险防控机制，创新设计了广西国省干线与农村公路整合融资方案。一是创新构建融资新模式。即“融资主体上移 + 市场化运作”的项目融资模式，将国省干线与农村公路“各走各路”模式统一起来，实现统一规划和统一融资。二是隔离地方政府违规举债风险。该方案采用市场化运作模式，改变原有的地方政府融资平台直接举债的模式，由企业独立融资，避免了政府违规举债、违规兜底的政策风险。三是充分发挥北投集团“规划—设计—建设—运营”全产业链优势和政府组织协调优势。四是脱贫攻坚意义重大。项目惠及区内 49 个贫困县的路网建设，项目对相关区域的基础设施完善和产业发展均有重要带动作用，惠及建档立卡贫困人口 312 万人。截至 2019 年 12 月末，通过构建市场化运作模式，该行为广西国省干线和农村公路统一授信承诺 60 亿元并已实现发

放 1.45 亿元。新模式不涉及财政资金还款也无政府担保，不新增政府隐性债务，是新形势下以市场化融资模式支持基础设施项目建设的创新探索，为广西打通贫困地区交通瓶颈、加快贫困地区新型城镇化进程提供了重要支撑。

在创新市场化模式支持重点园区建设上，该行围绕地区发展规划和产业发展布局，对同一区域或行业的一揽子建设内容进行统一谋划、统筹实施，实现经济可持续、财务自平衡。目前该行通过该模式推动中国—马来西亚钦州产业园区项目授信取得积极进展，贷款落地后将有力促进中国—马来西亚钦州产业园区核心区基础设施建设提质增效。后续该行将加大该模式在广西重点地区和行业的应用。

图 1　创新市场化模式支持中国—马来西亚钦州产业园建设

（三）加大“融资”支持，推动金融开放门户建设

在开发性金融实践中，融资推动是贯穿始终和贯穿一切的。没有融资推动，融智和融制就缺乏载体，效果将大打折扣。2019 年以来，国家开发银行广西壮族自治区分行紧紧围绕金融门户建设的热点难点，以国际业务为抓手，融资推动金融开放门户建设。主要表现在以下几个方面：一是加大跨境人民币贷款支持力度，助推人民币国际化进程。2019

年，该行以支持斯里兰卡科伦坡港口城基础设施项目建设为重点，深入挖掘中资企业跨境人民币贷款需求，加快推进跨境人民币贷款发放，截至2019年末，该行全年发放境外人民币贷款15.46亿元，助力提升人民币国际影响力。二是加大外币贷款支持力度，服务广西重点企业“走出去”。2019年，该行聚焦广西重点企业海外投融资需求，为柳钢集团、北部湾国际港务集团等企业提供外币贷款支持，助力企业开拓国际市场，加快“走出去”步伐，进一步提升广西经济对外开放水平。截至2019年末，该行全年发放外币贷款10.46亿美元，外币贷款余额46.53亿美元，外汇贷款市场份额继续保持广西同业首位。三是用好“一带一路”专项贷款，全力推进“一带一路”重点项目合作。2019年，该行以支持斯里兰卡、越南、柬埔寨等“一带一路”沿线国家的国际合作项目为抓手，用好用足开发银行“一带一路”专项贷款，加大国际合作项目贷款支持力度，截至2019年末，该行全年发放国际合作项目贷款（含境外人民币）12.73亿美元，助力绘制“一带一路”高质量发展“工笔画”。在推进国际合作项目贷款发放的同时，该行积极配合第二届“一带一路”高峰论坛，推动完成金边至西哈努克港高速公路项目和斯里兰卡人民银行授信项目合同签订工作，签约成果被列入第二届“一带一路”国际合作高峰论坛成果清单。

（四）聚焦“融商”共建，发挥纽带作用推进引商入桂

广西属于后发展欠发达地区和全国脱贫攻坚主战场之一，经济基础薄弱，产业发展缓慢。因此，广西建设面向东盟的金融开放门户实现跨越式发展，必须充分利用外部资金、人才和技术等资源。2019年以来，国家开发银行广西壮族自治区分行充分发挥开发性金融的桥梁纽带作用，进一步推动外部资源在广西聚集，助力面向东盟的金融开放门户建设。一是积极推动东部企业到广西投资。2019年8月，该行组织赴浙江恒逸、浙江桐昆等企业，深入了解企业经营、项目建设的困难，提供

所需的规划、财务顾问服务，协助客户加强与政府相关部门沟通，加快项目审核、土地审批等行政审批进度，赢得客户和地方政府的信任，从而提前锁定项目融资优先权，推动桐昆钦州项目等重大石化项目加快落地。2019 年 10 月，该行积极发挥牵线搭桥作用，推动浙江华友钴业在广西玉林投资建设千亿元锂电新能源材料产业基地。该基地以新能源汽车动力电池正极材料为核心，形成从精炼、化工、材料到锂电池一体化的产业链，对广西新能源汽车及充电桩产业的发展具有重要意义。二是积极搭建扶贫协作对接平台。该行深入贯彻落实党中央、国务院决策部署，大力推进东西部扶贫协作。搭建广西与东部企业的扶贫协作对接平台，调动东部地区先进的技术、管理、人才、资金等优势力量参与东西部扶贫协作，推动东部产业向西部梯度转移。三是推动东盟金融同业赴桂交流合作。2019 年以来，该行积极推动越南大众银行员工赴华留学和来广西交流培训，助力广西扩大在东盟国家中的金融影响力。9 月 19 日，越南大众银行阮越河副行长来访，对该行在员工交流培训方面所给予的支持表达感谢。

三　值得推广的经验

（一）发挥优势，密切新形势下银政合作关系

立足新形势新要求，深化金融机构与当地政府的关系，围绕政府经济发展重点和投融资难点问题，与政府反复沟通、密切磋商，交流信息和资源，发挥开发性金融优势，为政府实现发展目标积极建言献策，做好做实融智融制融商服务。

（二）充分挖掘，探索与战略客户合作模式创新

在合作中充分运用国家开发银行的平台优势，尤其是国家开发银行

的政府资源，帮助企业与政策制定部门沟通对话，争取资源，从而构建符合市场化要求的融资主体。此外，国家开发银行还充分发挥自身“投、贷、债、租、证”的全牌照金融功能优势，为客户提供综合金融服务。

（三）夯实基础，注重综合金融服务能力培养

在当前竞争加剧、监管趋严的形势下，作为一线的客户经理更需要苦练内功，不断提升综合金融服务能力，熟悉从规划编制到信用搭建的各环节、全流程的制度和要求。服务客户不能只停留在产品推介上，更需要在项目前期规划时抢占先机，了解客户中长期发展战略，开展政策和行业研究，有针对性地提出切实可行的系统性融资方案，以获得客户长期信任。

四　创新点

一是创造性地将开发性金融的融智优势与金融开放门户建设有机结合。通过发挥国家开发银行在金融人才、行业研究等方面的优势，立足于广西建设面向东盟的金融开放门户的实际，为金融开放门户建设提供开发性金融智力支撑，从而提升金融开放门户建设的内生动力。

二是创造性地将开发性金融的制度创新优势有效融入金融开放门户建设。以构建市场化融资主体为核心，按照“统筹项目、统筹现金流、统筹信用结构”的“三个统筹”一体化评审方式，推动基础设施、基础产业、支柱产业等领域的重大项目融资模式创新，实现重大项目建设可持续发展，不断夯实金融开放门户建设的实体经济基础。

三是创造性地将开发性金融的投融资优势贯穿金融开放门户建设始终。围绕金融开放门户建设的热点难点，以国际业务为抓手，通过加大国际业务信贷投放力度，服务“一带一路”建设、人民币国际化进程、广西重点企业“走出去”等战略，实现国际业务迅速发展，推动金融

开放门户建设提质增效。

四是创造性地将开发性金融的集团客户优势与金融开放门户建设紧密联系。通过发挥桥梁纽带作用，搭建国际国内金融交流合作平台，推动东部地区优质企业到广西投资兴业，强化东西部扶贫协作，深化广西与东盟在金融领域的交流合作，促进国内外资源要素在广西集聚，为金融开放门户建设注入强大动力。

本文主创团队：国家开发银行广西壮族自治区分行

执笔人：李福泉

打造中银香港东南亚业务营运中心

一　情况概述

2019年9月21日，中银香港东南亚业务营运中心在第16届中国—东盟博览会期间顺利开业，并于2019年年底前实现业务上线投产运行。中银香港东南亚业务营运中心的成立，是中银香港在建设具有一流全功能国际化特点的区域性银行道路上的重要里程碑，其业务处理规模的扩大和处理能力的提升，将带动中国银行东南亚机构差异化和协同发展，延伸中银香港在资金、产品、管理、人才等领域的优势，加快提升东南亚机构的经营能力和风险管理能力。

中国银行股份有限公司广西壮族自治区分行（以下简称“中国银行广西分行”）自2017年开始，持续推动中银香港东南亚业务营运中心项目在南宁的落户。从项目谋划到落地，历时近两年，既为《广西壮族自治区建设面向东盟的金融开放门户总体方案》（以下简称《总体方案》）提供建设“中国面向东盟的金融运营服务基地”的思路，又成为推动《总体方案》具体任务落地见效的重要力量；既开创了金融机构利用广西区位优势、人才优势、资源优势、环境优势、成本优势开展面向东盟跨境金融业务营运，延伸境外金融机构对东南亚业务的经营和风险管理能力的先例，又对其他金融机构在广西设立区域性功能总部和中后台营运中心提供了“以商招商”的典型案例。

图 1 2019 年 9 月 21 日中银香港东南亚业务营运中心揭牌

二 主要模式和成效

（一）推动资源衔接，有机整合流程

中银香港在 2018 年 9 月与南宁市政府签订合作意向书后，认真部署，抓紧落实中银香港东南亚业务营运中心各项筹建工作，仅用 1 年的时间就完成了挂牌和开业，并于 2019 年 11 月 19 日实现业务上线投产运行，比预定目标提前 1 个多月。该中心把境内人力资源、系统资源和境外业务资源有机融合，有效节约了境外业务处理成本，同时提升了业务处理效率。截至 2019 年末，中银香港东南亚业务营运中心首批投产的业务包括为中银香港各单位、南洋商业银行及集友银行等提供客户资料处理服务，例如影像档案索引资料输入、YBD/LCC 客户信用评级资料处理等，平均每天处理业务量约 2800 笔。2020 年初完成中银香港部分业务迁移后，日均业务量达 20000 笔，系统运行平稳，业务处理无差错。

（二）推动集约经营，形成规模效应

中银香港东南亚业务营运中心计划于2020年年底前把深圳、香港、东南亚的其余部分营运功能有序迁入。迁入的具体工作包括资料录入业务、客户联系中心业务、放款业务、资金收付业务、会计防洗钱操作业务、附属企业操作业务等。下阶段，营运中心将加快业务迁移的步伐，预计在未来二至三年内处理业务量达每月570万笔，业务覆盖香港及东盟全区域。同时，按照业务迁移计划，营运中心将提供逾千个工作岗位，并从中银香港引入高端人才及专业金融师资对本地人才进行系统化培养，结合中银香港先进的生产管理工具，提升广西人才竞争力。

（三）推动智慧营运，探索改革经验

中银香港东南亚业务营运中心已经完整构建了“集中业务运营+科技智能创新”的智慧运营业务管理模式，该模式将有力提升金融大数据分析的精准性、审核人员的专业性、业务处理的及时性。同时，中银香港东南亚业务营运中心将自身在区域营运及数字化营运方面取得的成果充分向广西迁移，有利于将该中心打造成中银香港对东盟分支机构进行管理的核心机构。与此同时，利用南宁及周边地区人才资源、科研力量，进行营运领域金融科技创新工作，推动大数据、人工智能、区块链、云计算应用落地，将为数字广西建设探索改革经验。

三　值得推广的经验

（一）为广西金融招商提供了“六联动”借鉴模式

中银香港东南亚业务营运中心落户南宁，开创了“六联动”金融

招商模式先河，为今后其他银行保险区域性功能总部和中后台营运中心的引进提供了典型案例，为在中国—东盟金融城打造金融运营服务基地和其他重大金融平台打下良好基础。

1. 海内外联动推动信息有效对接

2017 年 9 月，在第 9 届中国—东盟金融合作与发展领袖论坛上，中国银行广西分行主要负责人与来南宁参会的中银香港领导就中银香港拟研究设立东南亚业务营运中心事宜进行沟通交流，并初步提出将南宁纳入中心候选地址的意见。2018 年，中银香港在多个候选地址中开展前期调研工作，为确保南宁区位优势、人力优势、政策优势能够在对标中获得先机，中国银行广西分行积极协助中银香港全方位开展调研考察相关工作。根据考察情况，中国银行广西分行与中银香港共同对总行战略规划和中银香港发展规划进行结合分析，进一步明确了南宁对该中心运营和业务布局可起到的重要支撑作用。

2. 总分管理联动明确项目落地路径

在中银香港的积极努力和中国银行广西分行的推动下，中国银行时任董事长对该项工作给予了充分重视和支持，提出了具体工作指示，并与中银香港时任总裁就项目落地具体实施路径进行明确，在总行、中银香港、中国银行广西分行的合力推动下，中心项目实施方案最终得到确定和积极推进。

3. 政银联动创造良好营商环境

对于中银香港东南亚业务营运中心入桂经营事宜，广西壮族自治区各级领导高度重视并全力支持，自治区政府领导还多次组织相关部门会商研究中银香港的考察对接、选址支持、招商配合等各项工作，同时也积极率队赴中国银行总行、中银香港开展项目会谈，解决项目推进过程中遇到的难点。南宁市政府、自治区地方金融监督管理局、五象新区管委会以及各政府相关部门均为项目推进开“绿灯”，塑造了良好的营商环境，全力争取项目落户南宁。

4. 情感与政策资源联动支持自治区金融改革发展

在中银香港东南亚业务营运中心酝酿设址工作之初，南宁面临着深圳和马来西亚等地的竞争挑战，但是在为推动项目所倾注的情感、诚意和政策资源的配合程度上，广西壮族自治区政府和南宁市政府相关领导都倾注了大量心血、投入了大量精力，各相关部门也在政策出台、资源支持上给予了全力支持，为中银香港最终选择南宁作为首选地址打下了坚实的基础。

5. 省市联动塑造项目扁平化管理典范

在中银香港东南亚业务营运中心的落地过程中，广西壮族自治区相关部门、南宁市政府、五象新区管委会的各级管理干部均体现出了极强的配合力、战斗力、凝聚力，在招商引资、企业入驻的各阶段，将有力统筹、精细服务、全力执行贯穿始终，体现了极高的项目管理和服务素质，并做到事事有人跟、事事有人管、事事有人做。虽然涉及的部门、环节较多，但还是在扁平化、精细化管理上形成了很好的招商案例典范。

6. 总分业务联动形成实际业务需求

中银香港东南亚业务营运中心的选址和运营建立在实际的业务需求和管理需求的基础上，切实为中银香港东南亚业务的集约化、科技化、智能化管理提供了重要支持。由于业务的迁移涉及中银香港营运部、个人金融及财富管理部、公司服务部、发展规划部、客户联系中心和资讯科技部等多个部门的相关工作，需要中国银行总行、中银香港和中国银行广西分行的密切配合，中国银行广西分行作为本地机构，通过业务联动为自身业务水平的提高打下了良好基础。

（二）为同业争取区域性功能总部或营运中心落户广西提供了借鉴

中银香港东南亚业务营运中心的落地，充分证明了南宁的金融配套基础设施建设、人才资源、信息互通条件能够为金融机构业务的开展提供有效支持。与此同时，广西目前所具有的“五位一体”国家政策体系优势，以及与粤港澳大湾区、海南自贸港等重大国家战略发展区域对接融入的优势，将对境内外金融机构面向东盟的业务发展起到重要支撑作用，为其他金融机构争取区域性功能总部或营运中心落户广西起到示范作用。

（三）为广西壮族自治区探索和完善人才引领金融发展机制提供借鉴

中银香港东南亚业务营运中心的筹建、运营，不仅对强化跨境金融人才交流、推动广西小语种人才有效利用等工作产生积极的意义，还对后期进行经验探索和体制优化，吸引高端金融人才长期驻留、聚集广西起到推动作用。

（四）为金融机构以广西为平台开展面向东盟的金融业务提供借鉴

中银香港东南亚业务营运中心是为中银香港全面开展大营运起到战略支撑作用的重要机构，将有效推动中银香港开展专业化营运管理，提升营运成效。对于其他金融机构来说，借鉴中银香港经验，将区域性功能总部和中后台营运中心引入广西，使得各金融机构（包括东盟国家金融机构）在实现业务归集的同时大幅度降低经营成本成为可能。

四　创新点

（一）创造“六联动”金融招商模式，首家引入金融机构区域性后台营运中心并实现规模经营

广西建设面向东盟的金融开放门户，旨在通过对接“一带一路”建设、完善金融基础设施、扩大金融双向开放等方式，推动广西打造金

融要素的洼地、优质资源的高地和南向基础设施的平地，建设成为上海国际金融中心的副中心，为新时期全国金融改革开放探索经验。中国银行广西分行创造“六联动”金融招商模式，首家引入中银香港东南亚业务营运中心项目，为广西“四基地”建设探索了可复制可推广的经验。

（二）创造了中国—东盟金融业务实时跨境处理的先例，为探索在南宁建设面向东盟的跨境清算中心提供了参考路径

2019 年，中银香港东南亚业务营运中心的上线投产，创造了中国—东盟金融业务实时跨境处理的先例。2020 年，该中心将逐步把深圳、东南亚、香港的营运功能有序迁入并全面投产，发展成为年处理业务金额达到 1000 亿美元的面向东盟的跨境清算中心，为广西“三中心”建设探索可复制可推广的经验。

（三）成为桂港金融合作新典范

2017 年 6 月 28 日，商务部与香港特别行政区政府签署了《〈内地与香港关于建立更紧密经贸关系的安排〉投资协议》和《〈内地与香港关于建立更紧密经贸关系的安排〉经济技术合作协议》，对进一步深化两地经贸合作关系，香港积极融入“一带一路”建设等国家战略及香港经济长远发展具有深远影响。中银香港东南亚业务营运中心项目落地，为在《内地与香港关于建立更紧密经贸关系的安排》（简称 CEPA）原则框架下深化桂港金融合作提供了经验借鉴。

本文主创团队：中国银行股份有限公司广西壮族自治区分行

执笔人：覃晓红、吴邦杰

多行联动筹组境外项目经营周转国际银团

围绕国际产能合作重点“走出去”企业的生产经营金融需求，中国建设银行股份有限公司广西壮族自治区分行（以下简称“建设银行广西分行”）、中国进出口银行广西壮族自治区分行（以下简称“进出口银行广西分行”）联合牵头，中国农业银行股份有限公司广西壮族自治区分行（以下简称“农业银行广西分行”）、中国建设银行（马来西亚）有限公司（以下简称“建行（马来西亚）有限公司”）积极参团，于2019年创新筹组了合约34亿元人民币的经营周转国际银团。该银团采取“流动资产贷款+国际信用证+NRA账户融资”的分组银团方式，提供国际结算及跨境融资，并以境外分行作为担保代理行承担贷后管理相关工作，有效纾解了中资“走出去”企业生产经营金融需求痛点，降低了企业资金成本，提高了跨境金融服务效能。

一　情况概述

（一）业务背景

作为21世纪海上丝绸之路的起点，广西着手布局东盟国家，在中国打造全方位对外开放新格局下“一带一路”建设蓝图中，广西凭借海陆兼备的独特区位优势，深度参与“一带一路”建设，积极推动互联互通建设，成为“一带一路”有机衔接的重要门户。

（二）项目基本情况

关丹钢铁项目为广西北部湾国际港务集团与广西盛隆冶金公司合资

在国家级重点园区——马中关丹产业园内投资建设的项目，是习近平总书记访问马来西亚期间见签的国家级国际产能合作示范项目，并纳入国家“一带一路”重点项目名录。项目总投资为14.75亿美元，建设规模为年产350吨。项目属于马来西亚政府重点引进项目，获得马来西亚及广西政府补贴等多种优惠政策，是马方政府致力于加快现代钢铁行业发展的重要抓手。项目于2016年11月破土动工，2018年8月正式全面投产，至2019年1月项目顺利达产。目前生产经营情况正常，已累计生产钢坯142.79万吨，制成成品材80.41万吨［其中包含螺纹钢（棒材）34.59万吨、盘圆（线材）38.89万吨，H型材6.93万吨］，实现销售额约30亿林吉特（折7.25亿美元），产能和销量均达到预期值。

图1　联合钢铁（大马）有限公司厂区

二　主要模式和成效

（一）主要模式

随着项目正式全面投产，联合钢铁（大马）有限公司面临日益迫切的经营周转融资需求和大量的国际结算需求。由于企业处于投产运营初期，当地银行对项目及股东情况不了解，对新设企业的融资条件要求高，而中国境内满足境外企业经营周转的金融产品也比较缺乏，这使得企业投产初期因经营周转资金短缺而生产一度陷入困境。建设银行广西分行拓展思路，大胆创新，再次联合进出口银行广西分行围绕企业的生产经营金融需求牵头筹组了合约 34 亿元人民币的经营周转国际银团。建行广西分行为银团代理行，银团参团行有进出口银行广西分行、农业银行广西分行、建行（马来西亚）有限公司，各行份额为建行广西分行 8.38 亿元、进出口银行广西分行 17 亿元、农业银行广西分行 7 亿元、建行（马来西亚）有限公司 1.62 亿元。银团于 2019 年 4 月 25 日正式开立信用证。

（二）主要成效

2019 年联合钢铁（大马）有限公司 34 亿元经营周转国际银团的组建，大大减轻了企业在投产初期的资金压力，对企业及区域经济发展均产生了多种效果。

1. 强化区域内金融机构合作

由于企业融资需求金额大，且涉及原材料采购、日常生产销售等环节的多种融资、结算需求，三家银行发挥各自优势联动筹组跨境银团贷款，为企业提供流动资金贷款、信用证开立、贸易融资、国际结算、NRA 账户跨境代发人民币工资等综合金融服务，解决国内“走出去”企业投资初期融资渠道狭窄的问题，同时亦能满足其多样化的金融服务需求。

2. 深化中马两国经贸合作

关丹钢铁项目对推动我国优势钢铁产业向东盟地区转移和促进我国和东盟国家的合作有着重大意义，符合我国“一带一路”建设规划的发展方向。其不仅有利于拉动马来西亚钢铁行业的快速发展，同时也有利于我国有实力、有优势的企业参与国际竞争，符合国家国际产能合作及供给侧改革战略要求。在中马两国建立全面战略合作伙伴关系、“两国双园”有序推进的背景下，随着2018年该项目的投产，马来西亚已成为广西企业在东盟地区的第一大投资目的国，广西投资集团、鱼峰水泥集团、河北普鑫纸业等多家企业纷纷赴关丹产业园投资。

3. 促进中国与东盟金融合作

建行广西分行通过该项目，与建行（马来西亚）有限公司的联动关系更加紧密，以服务联合钢铁（大马）有限公司及其所在的马中关丹产业园为契机，多次与建行（马来西亚）有限公司、马来西亚贸工部联合举办中马企业合作洽谈会、马来西亚专场推介会等，积极参与面向东盟的金融开放门户建设，助力东盟中马两国商业互通，积极践行“一带一路”倡议。

图2　马来西亚贸工部副部长、彭亨州务大臣及中国商务部、中国广西壮族自治区相关领导出席关丹钢铁项目全面投产仪式

三　值得推广的经验

本案例所涉及的银团是在完成关丹钢铁项目固定资产贷款银团筹组后，专门针对境外企业生产经营周转金融服务需求而筹组的国际银团。案例中银团具有融资金额大、参团成员行多且涉及中马两国等特点，同时，面临境内外法律法规差异、跨境信息收集渠道不畅通、跨境项目贷后管理难等多重问题，银团牵头行、代理行、参与行充分发挥以往支持关丹钢铁项目建设融资过程中的经验优势，结合关丹钢铁项目投资经营的特点，专门设计合理的融资方案。

（一）加强与政府、监管机构沟通

研究学习面向东盟的金融开放门户优惠政策，积极加强与监管部门的沟通，寻求中国人民银行、地方金融监督管理局等监管部门对创新型跨境经营周转银团以及为境外企业开立国际信用证、NRA 账户等创新业务模式提供指导及支持。

（二）加强境内外联动

为保障银团的顺利运作，建设银行成立了建设银行总行、建设银行广西分行和建设银行（马来西亚）有限公司共同参与的专业服务团队，紧密开展融资方案设计、授信申报工作，提供公司业务、国际业务、投行业务等多维度、全球化金融服务，满足企业美元、人民币双币种融资需求，同时由建设银行（马来西亚）有限公司作为担保代理行承担相关贷后管理工作，解决跨境项目贷后管理问题，以保障跨境融资资产质量，加强银团的管理工作。

（三）加强境内分行间合作

进出口银行在参与联合钢铁项目银团时邀请福建省分行参贷，组建行内银团，这一做法的优势体现在以下两点。一是引进广西壮族自治区外信贷资源支持广西企业“走出去”，加大了对项目的金融支持力度；二是项目出资方之一广西盛隆冶金公司为福建省企业家创办的民营企业，行内联动有助于对项目发起人、担保人进行管理，强化项目贷后监管。

（四）组建银团分散风险

针对关丹钢铁项目建设融资、经营周转及国际结算需求的金融解决方案，均为组建银团的方式。银团有利于银行组成利益共同体，在为大型、长期项目提供融资时分散风险，同时企业更易获得授信批复。

（五）针对项目特点量身定制授信方案及风险保障措施

为更好地体现项目“走出去”的实际情况，将融资主体设定为在马来西亚注册的项目公司——联合钢铁（大马）有限公司；由国有及民营股东分别按各自持股比例提供担保；借款人为项目购买中国出口信用保险公司的海外投资险规避政治风险并将保险权益转让给银团；聘请国际知名的律师事务所作为银团法律顾问，对项目及借款人的合法性、银团方案在东道国法规构架下的合法性及必要审批手续、抵押担保等风险缓释措施的法律可行性、东道国外汇管制及税务规定等开展全面尽职调查并出具《尽职调查报告》。

四　创新点

（一）业务模式创新

根据涉及跨境业务的客户需求，采取“流动资产贷款 + 国际信

用证 + NRA 账户融资”的组合方式为企业提供融资，并以境外分行作为担保代理行承担相关贷后管理工作，全生命周期满足企业实际生产经营需求，有效降低资金成本，防范风险，提高跨境金融服务的效能。

（二）银团内部分组

银团内部结构分为支持流动资金贷款的 A 组及支持贸易融资业务的 B 组，银团各组成员行内部约定的产品、价格、期限均是统一的。与普通银团相比，本银团在保留传统流动资金贷款产品的同时，根据客户实际生产经营需求，创新性地增加了国际信用证及其项下贸易融资等跨境金融服务产品，更切合境外投资企业生产模式及资金周转周期，为企业提供全生命周期金融服务，解决了企业的经营难题。

1. 流动资金贷款

进出口银行广西分行联合进出口银行福建分行联动合作，以境外项目人民币贷款或境外项目美元贷款的形式，分别为该项目授信支持 8.5 亿人民币或等值美元，总计 17 亿元，开创了广西境外项目人民币贷款新模式。

2. NRA 账户融资

利用境外机构境内账户（NRA 账户）工具进行跨境融资、结算模式的先行先试，为企业提供国际信用证、NRA 账户融资等一揽子金融服务。截至 2019 年 12 月末，建设银行广西分行在该银团框架下已为企业办理国际信用证及 NRA 账户融资 31 笔，累计金额达 20 亿元。农业银行广西分行累计为联合钢铁（大马）有限公司开立 NRA 账户项下进口信用证 1.5 亿美元，办理进口押汇 1.2 亿美元，持续对该项目的经营周转提供等值约 7.5 亿人民币的信用支持。

图3　联合钢铁（大马）公司员工合影

本文主创团队：中国建设银行股份有限公司广西壮族自治区分行

中国进出口银行广西壮族自治区分行

中国农业银行股份有限公司广西壮族自治区分行

执笔人：喻旺正、陆桂桃

创新关税担保模式降低企业通关成本

一 情况概述

关税保证保险是由具备资质的保险公司为企业提供关税担保，在货物通关时，凭借“一张保单”即可享受“先放行后缴税”便利的保证保险。国务院于2018年10月13日发布《优化口岸营商环境促进跨境贸易便利化工作方案》（国发〔2018〕37号），要求创新海关税收征管模式，全面创新多元化担保方式，推进关税保证保险改革。2018年11月1日起，海关总署、银保监会在全国海关范围内开展关税保证保险改革试点，进一步为外贸企业减负增效。

为更好配合试点工作，作为三个试点保险公司之一的中国人民财产保险股份有限公司（以下简称“人保财险”）高度重视，充分发挥中国人民财产保险在服务政府、服务民生、为企业降低经营成本、护航经济发展等各方面的优势和专业技术实力，积极参与产品开发，提前完成经海关总署和银保监会认可的《关税保证保险条款》产品备案，以及相关的承保、核保、理赔系统开发工作。在试点开始的第二天，即2018年11月2日，签下了广西区内首批关税保证保险保单，开启了广西关税担保模式的新篇章。

随后，人保财险广西分公司根据关税保证保险服务中出现的新情况，及时优化产品条款，完善在线管理平台，不断扩大承保面，2019年共为106家进口企业的6.89亿元关税提供担保，有效节约了企业关税成本，提高了通关效率。

图 1　海关创新担保方式——关税保证保险业务推介会现场

二　主要模式和成效

（一）改革关税担保模式，提升进口通关效率

关税保证保险以进出口货物收/发货人作为投保人，海关作为被保险人，企业向保险公司投保关税保证保险后，凭借《关税保证保险单》向海关办理税款类担保手续，即可实现“先放行后缴税”。通过人保财险与海关开发的“关税保证保险在线管理平台”，从客户端“线上申请”、到保险端“线上审核”、到海关端“线上核验”全流程采取无纸化操作，实现“数据多跑路、企业少跑腿”，进一步提高了通关效率，在优化营商环境、促进贸易便利化方面迈出具有标志性意义的一大步，原油等大宗货物通关放行进入读秒时代。

（二）减少企业资金占用，降低货物通关成本

关税保证保险不要求企业缴存保证金，相关保障的准入门槛显著低于银行保函，有效降低企业通关纳税成本。大连农垦北大荒国际贸易有限公司主要经营粮食及其他农副产品、农资产品等，以大宗国际贸易为主，已与 20 多个国家和地区的 100 余家企业建立了紧密的贸易合作关系，业务规模较大。该公司 2018 年缴纳关税总额约 1 亿元，以往通过融资以现金方式交付税款通关，融资成本约为年化 8% ~10%。如果选择开具银行保函，成本约为年化 2% ~3%，但会占用其银行授信额度。而投保关税保证保险的成本年化仅 0.3%，相比现金纳税每年可节省融资成本约 650 万元，而相比银行保函，不仅不占用该公司授信额度，每年还可以节省保函成本约 150 万元，显著降低了企业的经营成本。该公司于 2018 年 11 月开始在人保财险防城港市分公司投保关税保证保险，既简化了海关手续，缩短了通关时间，又盘活了关税资金，加快了资金流转，降低了成本，增加了收益，提高了竞争力和生产效率。体会到保险的益处后，2019 年该公司继续在人保财险投保，后者为其提供了累计 6440 万元的关税担保。

三　值得推广的经验

（一）主动沟通，密切配合

关税保证保险改革试点开展后，人保财险广西分公司密集拜访全区各级海关，举办业务推介会，与海关合作深入外贸企业开展关税保证保险宣导和业务培训，根据海关的要求和建议做好工作对接、系统对接、业务宣传等基础工作。

（二）组建团队，服务企业

在每个市的分公司组建对关税保证保险条款、系统操作及理赔流程都非常熟悉的专业团队，并对所有支公司进行普及化业务培训，提升支公司的专业水准。组织与贸易公司、报关行以及货代公司进行面对面的交流会，介绍关税保证保险的作用和好处，讲解承保理赔流程及报关运用，解答企业疑问，消除企业顾虑，为企业提供全面专业的服务。

（三）加强调研，扩大合作

在进行关税保证保险业务拓展前，对企业进行逐一排查，将可能需要要素担保、汇总征税和循环担保业务的企业进行区分，为后续的精准营销做足准备。对于保持长期合作关系的优质客户，加强客户需求研究，了解客户既往的关税缴纳方式，在关税保证保险产品正式进入市场的第一时间向客户推荐，为其设计合理的承保方案，在原有业务的基础上，进一步扩大与客户的合作范围。

（四）严格评估，降低风险

承保前对企业自身资信状况、财务状况、经营业绩水平、央行征信记录、海关评级、关税缴纳状况、主要进口产品类型、既往担保方式、历史承保情况、需求合理性、母公司及关联公司背景、公开信息披露、行业风险及制裁风险等方面进行全方位、多角度的风险分析，对整体资质较好、符合承保条件的企业给予承保，保证关税保证保险的健康发展。

四　创新点

关税保证保险是海关创新担保方式的一项重要改革，能有效解决中小企业担保申请成本高、手续繁复等问题，真正做到让企业“省钱、省时”。相比传统的现金保证金、银行保函等海关税收担保方式，关税保证保险可充分释放保证金所占用的企业流动资金，避免银行保函对企业的银行授信额度的占用，具有保费成本低、准入门槛低、通关时效强、应用灵活便捷等优势。关税保证保险可惠及失信企业以外的所有进口企业，为企业取得海关税收担保提供了新的选择路径，能实实在在为企业减负增效，优化营商环境。

本文主创团队：中国人民财产保险股份有限公司广西壮族自治区分公司
执笔人：于凡、何莲升

创设中国太平保险集团东盟保险服务中心

一 情况概述

2019年5月，中国太平保险集团有限责任公司（以下简称“中国太平”）与广西壮族自治区人民政府签署新一轮战略合作协议，开启共同建设面向东盟的金融开放门户新篇章。中国太平保险集团有限责任公司广西壮族自治区分公司按照自治区政府打造金融开放门户核心区和金融要素集聚区的战略规划要求，结合中国太平建设“具有全球竞争力的国际化现代金融保险集团”战略愿景，及时向集团提出在南宁设立面向东盟的区域性总部的建议和方案，并取得自治区政府和广西银保监局的大力支持。经过3个多月的协调沟通、联动推进，区域性金融总部从设想终成现实。9月21日，中国太平保险集团东盟保险服务中心正式揭牌运营（以下简称“东盟保险服务中心”），实现了全国性金融机构在广西设立区域性总部“零的突破”，这是中国太平与广西最新的战略合作成果，也是中国太平优化在东盟地区国际化布局的平台，更是中国保险行业创新运用国内国外两个市场、两种资源提升全球竞争力的重大探索实践。

二 主要模式和成效

东盟保险服务中心作为国内保险业在广西设立的第一个区域性总部，主要模式和成效体现在以下几个方面。

图 1　中国太平保险集团东盟保险服务中心

（一）强统筹、优布局、提升竞争力

东盟保险服务中心的设立，旨在加快和优化中国太平在东盟地区的国际化布局，统筹整合国内国外两个市场、两种资源，提升经营水平，铺设合作网络，扩大市场影响，提升国际竞争力。自成立以来，其开展了一系列卓有成效的统筹布局工作，推动新设泰国代表处，正在筹备将马来西亚代表处升格为子公司。2019 年 11 月，东盟保险服务中心主任张忠义陪同集团董事长罗熹访问越南，推动越南政府批准中国太平在越南成立代表处和注册商标，支持在越南开展保险业务。目前，中国太平在新加坡、马来西亚、泰国和印度尼西亚 4 个国家设立了机构。

（二）强保障、化风险、建立共保体

近年来，中国太平在全球 154 个国家和地区，为超过 700 个不同类型的海外项目累计提供了逾 4000 亿元的风险保障。中国太平将以东盟保险服务中心的成立为契机和平台，进一步发展与东盟保险主体的战略合作关系，完善跨境风险保障体系，构建共保体。自成立以来，其已承

保越南、新加坡、泰国3个国家的6个重大项目，为其提供了32.6亿元的国际化风险保障。与此同时，为从事东盟货物进口贸易的企业提供5000万元的关税风险保障，协助其便捷通关。

（三）强创新、重研发、打造孵化器

东盟保险服务中心以研发和创新领航发展，成立当天就正式发布了第一项科研成果——《东盟国别风险及财险监管报告》，为中资企业参与东盟国家基础设施建设、技术合作等提供指引。中心负责人到新加坡、泰国调研，推进与东盟国家保险主体联合开发创新，并率队到自贸区南宁片区、东兴试验区、凭祥保税区等地考察，研究中国东盟跨境电商保险整体解决方案等。与此同时，探索与地方政府共建保险创新实验室，着力打造保险产品和服务创新的孵化器。

（四）强培育、搭平台、打造特战队

东盟保险服务中心借助广西高校的东南亚小语种教育优势，推进与广西高校展开校企合作。发挥中国太平国际化人才的专业培养和管理优势，打造一支适应国际化竞争的市场特战队，为中国太平推进东盟市场和境外机构的发展提供人才保障与支撑。

三　值得推广的经验

中国太平在广西设立东盟保险服务中心，在国内首创面向东盟的保险区域总部的举措，成为中国太平勇于先行先试、践行高水平开放、推动高质量发展的缩影。在推进设立过程中形成了以下值得推广的经验做法：

（一）深度谋划实施

在广西建设面向东盟的金融开放门户总体方案上升为国家战略后，

中国太平高度重视，主动研究和谋划保险创新发展实施路径，探索在广西设立面向东盟的保险区域总部，并将其作为贯彻落实国家战略的重大举措全力推进。太平财险广西分公司作为该项工作的具体落实主体，多次主动拜访广西银保监局、广西壮族自治区地方金融监管局和南宁市政府等相关部门，收集门户建设所涉及的政策措施、相关进展情况、同业机构的先进做法等信息，研究制定实施路径和任务目标，为东盟保险服务中心建设提供根本遵循。

（二）强化组织保障

为加快项目落地实施，中国太平建立专门的领导小组，加强人员配备和组织保障。在集团总部机关和太平财险总公司设立广西项目专员，由太平财险广西分公司总经理王渺任组长牵头组建太平驻广西机构推进面向东盟的金融开放门户建设领导小组（以下简称“广西太平门户领导小组”），挑选公司各条线骨干充实到领导小组，以“全主力阵容”参与其中。同时，选派业务骨干到南宁市门户办挂职锻炼，学习取经，无缝对接与自治区门户建设实施工作相关行动。

（三）全力以赴推动落地

实行清单化管理，根据实施路径倒排时间表，细致梳理项目落地的问题清单，举全公司之力推进项目落地。同时，强化与总部协调配合并争取支持，积极主动与自治区、南宁市和五象新区等相关部门对接，及时解决存在的问题，加快推动项目落地。

四　创新点

（一）推动工作机制创新

推动区域总部的设立，需要多重沟通协调内部机构和外部单位，为确保信息准确畅通，提升决策执行效率，中国太平创新了工作机制。一是压缩汇报链条，由广西太平门户领导小组直接向集团领导指定的专员联络汇报；二是规范流程，确保精准对接，提升上下联动的契合度，每周、每月编写工作简报，特事急事发送专报。新的工作机制确保集团领导随时准确掌握推进情况，为项目推进定向把舵。自下而上汇报执行与自上而下部署规划两条线融合贯穿，紧密结合，高效高质推动东盟保险中心在3个月内由蓝图变成实体。

（二）推动管理布局创新

中国太平在广西设立东盟保险服务中心，是中国太平借助广西的区位优势，优化中国太平在东盟地区国际化布局，着力打造服务中国与东盟合作的专业平台，促进跨境业务综合服务水平的提升，推动跨境保险业务高质量发展的重要举措，同时也是中国保险行业创新运用两个市场、两种资源提升全球竞争力的重大探索实践。

（三）推动金融开放创新

中国太平充分用足用好国家赋予广西自贸试验区、金融开放门户等战略定位政策，以东盟保险服务中心为平台，加强国际化业务合作，持续深化金融对外开放创新，创新跨境综合服务和产品，构建东盟及“一带一路”保险服务网络，为东盟及“一带一路”沿线国家和地区居民提供具有中国特色的保险保障服务，助力实现贸易畅通、资金融通、民心相通，为我国金融业扩大开放提供了可复制、可推广的经验。

本文主创团队：中国太平保险集团有限责任公司东盟保险服务中心

执笔人：莫丽娟、罗宇迪

股权投资支持地方金融高质量发展

一　情况概述

2016 年 12 月，广西投资集团金融控股有限公司（以下简称“广投金控”）创新通过“投租联动”方式控股并购民营企业广西通盛融资租赁有限公司（以下简称“通盛租赁”），进入汽车消费金融领域。三年来，广投金控充分发挥控股股东作用，联合通盛租赁民营股东大力支持公司做强做优，推动通盛租赁发展成为广西唯一一家上规模的汽车融资租赁公司，与全国 25 个省市超过 250 家汽车经销商合作，服务客户 4.5 万户，累计带动汽车销售额超 70 亿元。特别是在《广西壮族自治区建设面向东盟的金融开放门户总体方案》（以下简称《总体方案》）实施

图 1　广西通盛融资租赁有限公司

后，广投金控贯彻落实文件关于发展融资租赁服务机构、完善风险防控体系和加强金融创新的要求，推动通盛租赁成为广西首家，也是全区唯一一家全面接入人民银行征信体系的地方类金融机构、广西首家启用科技风控系统自动审批贷款的地方类金融机构、广西首家支持新能源出租车和公交车的融资租赁公司。这是以股权投资为抓手，大力布局地方金融产业，从消费端支持和带动广西汽车产业发展的创新实践，开创了地方金融做优、实体产业做强、居民消费升级的多赢局面。

二 主要模式和成效

（一）主要模式

1. 构建“投资促发展”经营理念

通盛租赁成立于2013年9月27日，是中外合资的民营融资租赁公司，主要开展乘用车、商用车等融资租赁业务及以汽车为核心的产业链金融业务，重点与东风柳州汽车有限公司（以下简称“东风柳汽”）开展合作。2016年，广投金控（其前身为广投集团金融事业部）在完成广投集团并购中恒集团（600252. SH）项目（市值约200亿元）后，形成实施并购项目的方法体系，通过并购通盛租赁进入汽车消费金融领域。

2. 创新“投租联动”并购模式

（1）业务合作先行

广投金控旗下广西融资租赁有限公司先以业务切入，通过与通盛租赁开展融资业务合作，对并购标的有了初步了解和判断。

（2）并购交易跟进

在广西融资租赁公司和通盛租赁合作基础上，广投金控启动并购项目，对通盛租赁全面开展财税、审计、法律尽职调查以及资产评估，充分识别和有效应对潜在风险。特别是就国有企业管理要求和公司未来发展战略规划，与民营股东进行反复磋商，最终达成合作。

3. 探索形成“混合所有制”管理模式

2016 年 12 月，广投金控完成增资入股通盛租赁，成为持股 51% 的控股股东。通盛租赁成为国有控股、民营参股的混合所有制企业。国有股东信用强、管理规范，民营股东对行业和市场理解深，经营团队按市场化方式管理，各方资源共享、优势互补共同支持通盛租赁发展，努力将其打造成为广西地方金融高质量发展标杆。

（二）主要成效

并购后三年来，股东和经营团队共同推动通盛租赁全方位提升市场竞争力，业务规模从 16 亿元增至 71 亿元，增幅 344%；服务客户从 1. 78 万户增至 4. 5 万户，增幅 153%；营业收入从 7800 万元增至 2. 3 亿元，增幅 195%；拨备后利润总额超过 4000 万元；不良率连续三年下降，逾期率保持较低水平，净资产回报率超过 11%，在中国汽车金融年会获评“最具成长性汽车融资租赁公司”，经营状况全面向好。特别是在 2019 年，公司实现“三大突破，三个首家，三个持续”，金融创新发展成效显著。一是风险管理实现两大突破。首先，接入征信系统。主动要求纳入人民银行金融监管体系，经过三年的努力，先后接入人民银行企业及个人征信系统，成为广西首家，也是全区唯一一家全面接入人民银行征信体系的地方类金融机构。其次，开发科技风控系统。在广西本土类金融机构中首家开发启用科技风控系统，实现乘用车贷款业务自动审批，对外部欺诈进行自动检测、识别、阻断，业务最快达到秒批。截至 12 月末，累计监测业务超 4300 笔，反欺诈排除约 3000 笔，信用审批通过超 1200 笔，实现金融服务效率、风险控制水平双提升。二是绿色出行率先突破。2019 年通盛租赁成为广西首家支持新能源出租车、新能源公交车和新能源商用车的融资租赁公司，在南宁、柳州、桂林、玉林为超过

图 2　柳州方盛 & 通盛租赁融资租赁载货车辆交付仪式

1000 台新能源出租车和新能源公交车提供融资，其中，还实现了对柳州新增新能源出租车的全覆盖。三是产融合作持续深化。近三年累计带动东风柳汽汽车销售 40 亿元，连续三年获得东风柳汽“功勋金融企业”称号，获得注册地——“汽车城”柳州市政府颁发的 2018 年度柳州市服务业企业提速发展奖。四是融资渠道持续拓展。与银行、金融租赁等超过 10 家金融机构合作，拓展流动资金贷款、同业转租赁、银行承兑汇票、保理等多种融资形式，持续推进资产证券化项目。五是以商招商持续推进。持续与易鑫集团、花生好车、众汇集团、新宏昌集团等行业领先的民营汽车融资租赁公司合作，开拓区内外汽车融资租赁市场。

三　值得推广的经验

（一）资本招商落实产业承接任务

广西壮族自治区全方位开放发展战略强调以“东融”承接面向粤港澳大湾区的产业转移。广投金控成功通过并购方式承接产业、企业、业务、人员转移，并形成有效投后管理模式，在并购后实现新、旧股东、被并购企业三方共赢新局面。与此同时，探索通过“政府引导、企业并购”的方式，搭建政企联合并购机制，统筹协调财政政策、产业政策与金融政策，指导本地企业围绕“三大三新”重点产业领域实施并购，吸引区外产业链核心企业和上下游落户广西，推动产业承接项目落地。

（二）金融创新促进传统产业发展

《总体方案》支持围绕重大战略探索金融服务的新产品、新业态和新模式。广投金控并购通盛租赁，积极打造广西汽车金融生态圈，提升了地方金融服务能力，助推了广西汽车产业发展。这是围绕广西汽车工业发展“十三五”规划探索的金融创新服务模式，也是通过股权投资支持地方金融高质量发展，最终服务于广西传统产业的典型案例。应推广应用至其他领域，加快推动传统产业发展升级。

（三）科技赋能牢守地方金融风控底线

《总体方案》强调要加快建立金融监管协调机制，建立和完善风险防控体系。通盛租赁不良率连续三年下降、逾期率保持较低水平，并于2019年率先开发科技风控系统，主动全面接入人民银行征信系统，这是广西类金融机构强化风险管理的重要创新突破，是可复制可推广的实践经验。

（四）以商招商共筑融资租赁生态圈

融资租赁是集融资与融物、贸易与技术更新于一体的金融业态，对地方经济发展和产业转型升级发挥着重要作用。《总体方案》也对广西发展融资租赁等中介服务机构表示支持。建议推广以商招商模式，鼓励广西融资租赁公司与区外同业形成紧密合作伙伴关系，吸引更多融资租赁公司集聚广西，打造融资租赁生态圈。

（五）国资民营共促地方金融合作升级

混合所有制经济有利于国有资本提高效能、保值增值、提高竞争力。党的十八大以来，全国各地梯次展开混合所有制改革各项试点。通盛租赁作为混合所有制企业，广投金控与民营股东共享资源、互补优势，为公司发展营造积极的内外部环境，形成在混合所有制改革路径下发展地方金融的有效经验。

四　创新点

（一）围绕服务地方传统优势产业开展股权投资，培育出广西唯一一家规模以上的汽车融资租赁公司，支持广西汽车产业做优做大做强

并购后三年以来，广投金控推动通盛租赁与全国 25 个省份超过 200 家经销商合作，服务客户 4.5 万户，累计带动汽车销售 70 亿元，从销售入手支持汽车企业发展。其中，带动东风柳汽汽车销售 40 亿元，连续三年获得东风柳汽“功勋金融企业”称号。

（二）国有股东与民营股东实现了资源共享、优势互补，形成在混合所有制改革路径下发展地方金融的有效经验

并购后三年以来，通盛租赁营业收入、拨备后利润总额实现平均两位数增长，逾期率、不良率连续三年下降，逾期率保持较低水平，净资产回报率超过 11%。

（三）强化科技应用，提高风险与合规管理水平

1. 2019 年通盛租赁在广西本土类金融机构中首家开发启用科技风控系统，实现业务秒批。截至 12 月末，累计监测业务超 4300 笔，反欺诈排除约 3000 笔，信用审批通过超 1200 笔，大幅提升了金融服务效率

和风险控制水平。

2. 主动纳入人民银行金融监管体系，成为广西首家，也是全区唯一一家全面接入人民银行征信体系的地方类金融机构。

（四）发展普惠金融、消费金融、绿色金融，推动全区绿色交通升级，支持发展新能源出租车和公交车，有效解决融资痛点难点

2019 年，通盛租赁成为广西首家支持绿色出行的融资租赁公司，在南宁、柳州、桂林、玉林为超过 1000 台新能源出租车和新能源公交车提供融资，其中还实现了对柳州新增新能源出租车的全覆盖。

（五）启用“投租联动”并购模式

通过旗下融资租赁、融资性担保等业务，内部信贷机构介入拟并购企业进行摸底调查，对符合条件的企业启动并购程序。通过在中恒集团、通盛租赁等并购项目中的实践，以及对通盛租赁的成功运营，广投金控积累了丰富的并购工作经验，总结形成《并购项目操作手册》，并建立了一套有效工作机制，为后续成功落地并购项目打下了良好基础。

本文主创团队：广西投资集团金融控股有限公司

执笔人：幸明昊、彭湖

二　优秀案例

与金砖国家新开发银行合作支持生态修复工程

崇左市城区生态水系修复工程是广西壮族自治区首个利用国外贷款的精品和标杆项目，该项目创新了国内银行与金砖国家新开发银行合作模式，由金砖国家新开发银行提供贷款3亿美元，中国农业发展银行广西壮族自治区分行（以下简称“农发行广西分行”）作为该笔贷款支持项目的国内配套资金提供方，已审批贷款7亿元人民币，目前已投放1亿元。

一　情况概述

为树立“绿水青山就是金山银山”的生态理念，综合解决崇左市城区水系和水生态环境存在的，原有水系随地形零星分布影响下部分水体面积占压严重导致连通水系断流等问题，崇左市政府启动实施崇左市城区生态水系修复工程，对崇左市城区内河湖湿地修复连通工程、滨水生态修复工程、智慧水系管理系统等开展治理修复。项目建成后，将极大改善崇左市城区水生态环境，提高城市抗洪抗旱和给排水能力，推动中心城区“通起来”“绿起来”“美起来”。

该项目是广西壮族自治区首个利用金砖国家新开发银行贷款的项目，项目总投资36.12亿元（人民币，下同），其中贷款27.25亿元，资本金8.04亿元，企业自筹建设期利息0.83亿元。资金组成为新开发银行贷款加国内配套资金。其中农发行广西分行作为项目国内配套资金提供方，已审批中长期贷款7亿元，完成投放1亿元，主要用于解决前期项目征地拆迁、工程款等需求急迫款项，为下一步项目稳步推进打下扎实基础。

图1　农发行广西分行支持崇左市城区生态水系修复工程

二　主要模式和成效

崇左市人民政府和崇左市水利投资有限责任公司（以下简称“水投公司”）负责项目实施，包括资金筹集、项目建设、运营管理等。该项目属于公益性项目，农发行广西分行为解决该项目无现金流的问题，首次开创“土地＋水利”模式支持项目建设。项目以借款人水投公司其他项目的综合经营收益作为第一还款来源，根据水投公司与广西左江金土投资有限责任公司（以下简称“金土公司”）签订的《项目合作协议》，金土公司将其子公司广西盛祥投资有限责任公司前期完成开发的43500亩补充“旱地”指标未来出让所得收益共计128760万元，从2024～2039年分年度分配给水投公司，作为水投公司的第一还款来源。以水投公司获得的土地指标交易收益所形成的应收账款质押作为第二还款来源。

农发行广西分行为支持地方重大水利项目建设，向总行申请并将项目纳入PSL项目库，贷款执行PSL利率，有效降低了企业融资成本，已投放1亿元用于项目建设工作。目前，项目内的南干渠和金龙湖已开工建设，金龙湖已初步建成并成功通水蓄水，昔日的垃圾场、黑臭水体的金龙湖恢复了碧波荡漾的美丽景象，为崇左市增添了一道亮丽的水生态风景，提高了城镇居民的生活品质，描绘出城绕水建、山水绕城的和谐画卷。

水利工程作为一项基础设施工程，与人们的生活紧密相连，搞好水利工程，充分发挥其经济效益，对推动整个社会的发展有着不可替代的作用。水利工程的主要目的是保护江河，同时恢复生态，提供水利保障，为经济社会可持续发展发挥水利应有的效能。本工程为生态水系修复工程，主要通过工程完成后产生的生态效益带动相关产业发展及工程周边土地增值。

项目所产生的生态效益包括灌溉效益、污水处理效益和旅游发展效益。首先，灌溉效益。本工程对南干渠进行了清淤修复，改善了灌溉效能并恢复了上下游灌溉面积，具体包括改善了原南干渠上游段3450亩水田、12400亩旱地灌溉效能；恢复了南干渠下游段450亩水田、5000亩旱地灌溉能力，提高了21300亩农田产量，获得较大经济效益。其次，污水处理效益。建设南干渠上游段村庄5个污水处理站及江州区污水处理站，污水处理站每年可处理污水量74万吨，经污水处理后的水质达到国家排放标准，避免了污水对周边环境的污染，提高了城镇生态环境质量和城镇居民生活品质。最后，旅游发展效益。本工程连通了城区内湖体及水系，使崇左市的城市环境从“有山无水”升华为“依山傍水”，在原有园博园、石景林的基础上，恢复了麦水湖、金龙湖等多处城区内湖体，盘活了城南片区山水城市格局，提升了生态文化旅游人数。

三　值得推广的经验

（一）把握政策，灵活整合

该项目属于公益性项目，为解决还款来源问题，农发行广西分行深入研究土地指标交易政策，整合项目业主土地指标资源，通过多方合作，探索将土地指标交易收入覆盖第一还款来源和第二还款来源。根据水投公司与金土公司签订的《项目合作协议》，水投公司以金土公司子公司广西盛祥投资有限责任公司分配其的前期完成开发的补充“旱地”指标未来出让所得收益作为第一还款来源，结合政策导向，灵活整合资源，有效解决还款来源问题。以水投公司获得的土地指标交易收益所形成的应收账款质押作为第二还款来源。

（二）提升站位，主动出击

农发行广西分行立足于建设“壮美广西壮美崇左”积极发挥政策性银行金融支持作用，自 2019 年 1 月了解崇左市政府项目融资需求以来，积极对接项目业主及政府各部门，与金砖国家新开发银行充分沟通，为项目量身定制融资服务方案，并派代表出席协助广西区政府、崇左市政府与新开行签订备忘录，为共同推进项目落地出谋划策，最终实现贷款资金当月审批和当月完成投放，展现了农发行聚力推进水利建设重点项目的优势。

四 创新点

（一）创新“土地 +”带动无现金流项目融资

农发行广西分行充分利用崇左市土地资源优势，用土地指标交易收入带动项目融资，落实贷款的第一还款来源和第二还款来源。由崇左市人民政府授权水投公司为耕地提质改造“旱改水”项目实施主体，与金土公司合作建设该项目，项目建设资金由金土公司投入并取得收益，金土公司将前期已整治完成的部分土地指标出让收入分配给水投公司作为回报，水投公司通过合作获取收益用于还款。

（二）贷款资金“各司其责”

作为项目的国内配套资金融资银行，农发行广西分行与金砖国家新开发银行和项目业主进行充分沟通，多方共同明确各项贷款资金支持内容，加强项目资金监管。通过多方协商，严格区分两笔贷款资金用途，制定《项目分年度资金使用计划表》，明确双方贷款支持的工程和比例，并分年度投入工程建设。贷款资金使用范围的确定，有效避免了信贷资金交叉使用，强化了贷款机构对信贷资金的监管，做到信贷资金“各司其责”。

本文主创团队：中国农业发展银行广西壮族自治区分行

执笔人：涂婷、韦宁辉

创新模式支持玉林北流市农村集体经营性建设用地入市

一　情况概述

如何激活土地资源，保障村集体和农民享受农村土地制度改革成果，直接关系到脱贫攻坚、乡村振兴实效。2014 年十八届三中全会提出的“允许农村集体经营性建设用地（以下简称‘集建地’）出让、租赁、入股，实行与国有土地同等入市、同权同价”拉开了农村土地制度改革序幕；2015 年十二届全国人大常委会授权国务院在北京市大兴区等全国 33 个地区（县、市、区）开展农村土地征收、集建地入市和宅基地管理制度试点。

2019 年，中国农业发展银行广西壮族自治区分行（以下简称“农发行广西分行”）瞄准玉林北流市试点机遇，创新“1 +2 +1”集建地入市运作模式，支持北流市 6 个片区所覆盖的总面积 9639 亩、总投资 72.08 亿元的项目入市。考虑到各片区项目进度成熟度情况，先期支持 2 个项目入市，总投资 24.75 亿元，融资合计 19 亿元，目前已批复 19 亿元、投放 6 亿元，架起农地入市桥梁，政银企三方合力实现多方共赢，彻底激活农村土地资源活力。

二　主要模式和成效

农发行广西分行支持玉林北流市集建地入市项目“1 +2 +1”运作

模式，即由政府主导项目规划，出台试点政策，制定运作方案；项目公司和村集体双方通过委托关系联结为新型入市主体与融资主体，项目公司受托进行抵押融资、土地平整和熟化（五通一平）、入市等相关事宜；农发行发挥政策性引领作用，提供融资支持。土地以拍卖形式交易后，以土地成交金结算项目公司还本付息成本，村集体以自有集建地抵押作为项目第二还款来源。

农发行广西分行对玉林北流市集建地入市项目的信贷支持，对充分盘活土地资源，提高综合土地收益，推动玉林、北流新型城镇化建设，提高村集体和农民收益具有重要意义。

其一，推动土地增值，激发农村土地资源活力。将北流市零星分散的土地进行复垦后，所产生的增减挂钩指标统筹用于开发城镇周边，将城镇周边价值高的农用地、集建地连片整理、熟化、入市，实现土地的规模效益和区位效益，显化土地价值。试点以来，北流市集建地已入市面积7773.7亩，约占同期全市供地总量的49.23%；本项目打包整治面积9639亩、入市面积8975亩，进一步提升了北流市甘村、永顺等6个片区的连片商业开发价值，夯实和扩大了前期改革试点成果。

其二，打破二元土地管理机制，有效推动新型城镇化建设。从前期试点成效来看，集建地入市有利于提高公共服务水平，不仅能有效缓解公园、学校、市场建设等用地瓶颈问题，还可以解决北流市政府贯彻实施玉北同城化、玉林市“东融”等战略部署用地瓶颈问题，而且入市片区可以就地实现城镇化。

其三，弥补集建地入市项目资金缺口，为乡村振兴资金开源。集建地入市，除了少量直接就地入市（不用拆除配建），大部分都需要先整治才能入市，其中涉及分散分布的宅基地拆旧复垦和新村建设，没有大量的资金支持难以运转，而集体经济组织往往难以承担。银行信贷资金的介入，预垫了前期整治成本，有效解决了资金问题，实现了农村土地资源空间高效整合。乡村振兴资金主要依托集建地入市改革，北流市出台的《土地增收调节金使用和管理规定》等文件明确规定，集建地入市后结余的土地增收调节金将用于乡村振兴建设。以本项目为例，按交易成交价扣减复垦费后的50%收取土地增值收益调节金，该资金除用于平衡项目成本、补充项目公司发展经费外，剩余部分将全部用于乡村振兴。

其四，保障村集体和农民的利益需求。集建地入市，农民除了能获得增值收益现金收入，还参照征地补偿标准，为其安排社保、就业指导等，总体收益高于试点前的征地补偿。实践证明，农民通过集建地入市获得的现金收益比试点前征地补偿现金收益提高了41.9%，获得的入市总收益比改革前征地补偿总收益提高了13.2%。以本项目为例，由于集建地统一连片开发、以商住用途入市交易，村集体和个人预计可获得收入68.27万元/亩，较此前15.44万元/亩的征地补偿每亩高出52.83万元。此外，产业发展还能有效带动农民增收。

三　值得推广的经验

北流市集建地入市相关改革试点成效得到了国家自然资源部充分肯定。以土地为依托的融资，体量大，是实施乡村振兴战略的主要支撑点。2019年修订的《中华人民共和国土地管理法》已破除集建地入市的法律障碍，集体经营性建设用地入市有关政策即将在全国推广。农发行广西分行将北流市集建地入市制度与该行信贷品种相结合，探索行之有效、风险可控的融资和担保模式，为解决地方政府农村集体建设用地入市项目融资难、担保难问题提供了新思路。该行通过北流市集建地入市项目尝试，旨在向金融系统内提供可复制、可推广的模式，以点带面，通过该行率先支持，带动其他社会资本、金融机构进入集建地市场，从而彻底激活集建地交易市场活力，并为后续的服务于乡村振兴、脱贫攻坚战略的产业开发、城乡建设提供用地支持。

四 创新点

（一）以人为本推试点

在以往常规“买断式”征地模式下，村集体是被征拆方，由于补偿标准与出让价格差距过大，其无法享受增值收益，且被征后收入无法保障。为守好“农民利益不受损”试点政策底线，北流市集建地试点政策最大限度保障农民和村集体利益，实现多方利益最大化。一是提高村集体土地变现收益。将零星分散的现状地（毛地）入市转为连片商住地（净地）入市，每亩成交价格由约 50 万元提高至约 250 万元。二是保障和平衡村集体和个人的收益。项目按统一标准预付村集体土地增值收益、统一规划土地用途、统一缴付增值收益调节金和分配出让收入返还至村集体的收益，从而解决了项目片区内土地价格不等的问题。三是保障土地流出方的短期和长远利益。6 个片区项目实施范围涉及农民 19759 人、贫困户 81 户、贫困人口 277 人，实施面积合计 9639 亩。入市前对标征地补偿标准，合计预付土地增值收益、青苗补偿费、拆迁补偿费等收益和补偿项，村集体和个人可获得收入约 15.44 万元/亩，在此基础上增加社保 3.6 万元/亩；入市后预计可获得增值收益 49.23 万元/亩（按出让价格 250 万元/亩，扣除项目成本后返还至村集体部分计算）。此外，为带动村集体就业增收，北流市为农村集体组织留出三产用地，根据三产用地与入市耕地面积的比例，以不超过最高限额 12% 交付；将交付标准由毛地交付提高至“五通一平”、商业用途交付，并允许村集体将交付土地用于兴办企业或开发商铺等，所得收入由村集体自主分配。四是解决施工、融资、申报入市的问题。将项目直接委托政府指定的项目公司，实施“一站式服务”，高效规范其经营运转。集建地入市项目显著保障和提高了村集体收益，村集体由被动征收方转变为主动入市主体，从根本上化解了征拆的主要矛盾。

（二）融资融智助发展

集建地入市范围内的土地，除了少量能直接就地入市（不用拆除配建），其余大部分的土地，不管是零星分散还是集中连片，都需要先整治才能入市，而拆旧建新等支出大、整治成本高。此外，对布局零星的村庄，优化村庄布局，复垦部分宅基地为耕地，实施综合整治，也需要大量资金。按照总行部署，2019 年以来，农发行广西分行紧紧围绕土地做文章，瞄准集建地入市试点资金缺口，开展重点营销。对外，广西区分行行长亲自挂帅，以党建为引领，与中共玉林市委员会签订了《党旗领航·服务两湾产业融合发展示范区攻坚合作框架》，为后续业务合作创造了良好政银环境；在集建地入市试点中，农发行广西分行主动服务，向政府提供《实施方案》样本，通过融智切入项目运作。对上，广西区分行行长现场考察后积极向总行推介，总行行领导及创新部开展实地调研并予以肯定和指导，增强了业务发展信心。对内，农发行广西分行成立了三级行联动攻坚小组，上下级行、前中后台共同推进，全力助推项目落地。

（三）发展风控两手抓

在积极推进入市业务的同时，经营行认真核算了项目收益，并紧紧抓住入市交易现金流源头和路径这个关键点，与政府协商，将项目内土地交易金全额拨付至在该行开立的账户并实施统一结算，先还本付息再按实施方案进行收益分配。在担保方面，选取优质的商住用途集建地做抵押担保，并约定地上有新建且符合抵押登记条件的建筑时需要追加抵押担保；在贷后管理方面，实行“卖地还贷”，不受年度还款和宽限期约定的限制。

本文主创团队：中国农业发展银行广西壮族自治区分行

执笔人：黄夏龙、杜欣荣

推动跨境人民币业务创新

2018 年 12 月 28 日，《广西壮族自治区建设面向东盟的金融开放门户总体方案》（以下简称《总体方案》）出台后，中国工商银行股份有限公司广西壮族自治区分行（以下简称“工商银行广西分行”）认真领会《总体方案》的精髓和内涵，抢抓机遇，以跨境人民币业务创新为抓手，抓实面向东盟的金融开放门户建设。充分利用工商银行中国东盟（南宁）跨境人民币业务中心平台，内外联动，在跨境投资国内银行间债市领域取得了重大突破，填补了广西跨境人民币金融市场投资领域的空白，促进了跨境人民币业务的较快增长，也使区域的跨境投融资生态更加多元化、更具有活力。

一　情况概述

2010 年以来，工商银行广西分行切实履行大行责任担当，不断加快业务创新，持续提升服务能力，跨境人民币结算业务规模始终保持市场领先。2019 年，广西建设面向东盟的金融开放门户正式上升为国家战略，工商银行广西分行积极把握难得的发展机遇，利用金融开放门户创新政策积极开拓资本市场跨境人民币业务，成为工商银行系统内继北京、上海后第三家，广西同业系统内第一家可以办理境外机构投资银行间债券市场业务（CIBM）的一级分行。经过前期的开发准备，以及广西金融开放门户政策的支持，中国工商银行股份有限公司迪拜国际金融中心分行（以下简称“工商银行迪拜分行”）成为支持工商银行广西分行 CIBM 业务的第一家境外金融机构。2019 年，工商银行迪拜分行通过工商银行广西分行进行银行间债券市场投资达300多亿元，办理跨境人民币收付结算460多亿元。目前，除工商银行迪拜分行外，已在工商银行广西分行开户的境外机构有南山人寿保险公司，已向工商银行广西分行申请开户的有澳门立桥银行、新加坡华侨银行、马来西亚丰隆银行3家境外机构。

二　主要模式和成效

（一）主要模式

工商银行广西分行CIBM业务涉及多方合作，境外机构投资者委托工商银行为银行间债券市场交易和结算服务的结算代理人，并签署代理投资协议，工商银行广西分行根据总行授权为境外机构投资者办理外汇登记、开立结算资金专户和人民币专用存款账户，并根据境外机构投资者指令，代理境外机构投资者进行债券交易、结算、清算，并及时、准确、完整地向人民币跨境收付信息管理系统（RCPMIS）报送有关账户信息以及跨境人民币资金收支信息。同时，根据境外机构投资者需求，还为其办理基于套期保值的远期、掉期、期权等外汇衍生品交易。

（二）主要成效

1. 对于广西当地跨境人民币发展

实现了境内债券市场跨境人民币业务的突破，使广西跨境人民币业务结构更趋合理、更加优化，有助于广西保持在全国西部12个省（区、市）和9个边境省（区）跨境人民币结算量第一的地位。

2. 对于境外机构投资者

扩宽了境外主体投资人民币资产的渠道，丰富了跨境人民币投融资功能，有助于全面推进跨境人民币业务发展和人民币国际化。

3. 对于银行

一是增加了中间业务收入来源，获得托管费、结售汇和外汇资金交易收益；二是增加了跨境人民币结算量、国际结算量。特别是跨境人民币业务所涉及的银行间债券市场业务属于资本市场投资业务，金额大，对提升跨境人民币结算量具有显著成效。

三　值得推广的经验

（一）发挥广西优势

广西的最大优势在于区位优势和政策优势。在发挥区位优势上，工商银行广西分行利用中国—东盟博览会的“南宁渠道”，积极搭建沟通交流平台，2016 年和 2018 年两次承办工商银行主办的以“中国—东盟资本市场双向开放”为主题的中国东盟金融合作与发展领袖论坛，增进了境外机构对中国资本市场对外开放的了解，增加了工商银行广西分行与境外金融机构开展合作的机会。在发挥政策优势上，充分利用广西建设面向东盟的金融开放门户的政策红利，获得了工商银行总行和中国人民银行南宁市中心支行、广西外汇管理局等当地监管部门在业务创新上的大力支持，通过进一步优化业务流程，简化业务手续，提升了市场竞争力。

（二）注重合规经营

为确保创新业务的合规经营，工商银行广西分行依据中国人民银行和国家外汇管理局相关文件，梳理了从外汇登记、账户开立、资金流入流出、代理投资与结算、资金清算、外汇资金交易、数据报送、账户变更和注销等业务全流程，通过多次与总行相关部门开会讨论研究和与当地监管部门沟通，制定了《广西分行境外机构投资者投资银行间债券市场管理办法》和《银行间债券及外汇衍生品投资业务流程》，明确了各部门职责和业务办理、监管管理及信息报送等环节的管理要求，并向当地监管部门报备。

（三）提高专业服务能力

境外机构投资银行间债券市场客户为境外主体，业务政策性、专业性强，业务流程涉及跨行、跨部门、跨境“三跨”。为提高专业服务能力，工商银行广西分行成立了由区分行、二级分行、支行三级联动的专业服务团队，团队成员包括国际业务、金融市场、机构金融、运行管理等相关专业前中后台的业务骨干，并安排人员到总行相关部门以工代训。自境外机构投资银行间债券市场业务开办以来，工商银行广西分行在与境外机构客户磨合的过程中，不断改进和提高业务水平和服务质量，得到客户的高度认可，为今后工商银行广西分行开展面向东盟的资本市场跨境人民币创新业务奠定了坚实的专业人才基础。

四　创新点

（一）率先在广西市场开展境外机构投资银行间债券市场业务，填补了广西在跨境人民币金融市场投资领域的空白，使广西跨境人民币业务由结算、融资向投资领域深化发展，从而推动广西跨境人民币业务量和质的同步提升。

（二）丰富了跨境人民币业务产品和客户群体，优化了广西区域跨境投融资渠道，进一步将跨境人民币客户延伸至境外金融机构，为金融开放门户增添了新的内涵。

（三）为金融同业提供了可复制、可借鉴的金融市场跨境人民币投资业务模式，为广西金融业扩大资本市场领域对外开放开辟了一条新道路，这将会带动更多的创新应用，进一步提升金融开放门户在全国、在东盟国家区域的地位。

本文主创团队：中国工商银行股份有限公司广西壮族自治区分行

执笔人：黎雪梅

“跨境贷”助力进出口小微企业发展

一 情况概述

中央赋予广西构建面向东盟的国际大通道、打造西南中南地区开放发展新的战略支点、形成“21 世纪海上丝绸之路”和“丝绸之路经济带”有机衔接重要门户“三大定位”，国家推进包含广西在内的西部陆海新通道建设，批准广西建设面向东盟的金融开放门户、自由贸易试验区，广西在“一带一路”和中国—东盟命运共同体建设中的战略地位和作用日益凸显。

工商银行广西分行以服务广西经济建设为己任，深入贯彻落实中央“六稳”方针以及广西壮族自治区关于发展普惠金融和优化营商环境战略部署，发挥国有大型商业银行优势，以金融科技为抓手，依托国际贸易单一窗口工作平台，借助海关、工商银行、中国人民银行等多维度数据，2019 年 10 月 30 日创新推出“跨境贷”普惠金融产品，助力进出口小微企业融资便利化，全力打造“广覆盖、多层次、高效率、可持续”的普惠金融体系，取得良好成效。截至 2019 年 11 月末，工商银行广西分行主动为近 1000 户进出口小微企业核定“跨境贷”信用贷款授信额度 8 亿元，采用线上化、纯信用方式进行业务办理，贷款年利率低于 5%，有效缓解了进出口小微企业“融资难、融资贵”难题。

二 主要模式和成效

国际贸易“单一窗口”是全国通关一体化的重要依托和平台，广西国际贸易“单一窗口”是依托国际贸易“单一窗口”开发建设的地方特色平台。广西进出口企业只需通过广西“单一窗口”平台点击登录，即可一次性完成向海关、检验检疫、海事和边检等单位的申报与后续电子核放。

工商银行广西分行在基于“单一窗口”聚集的企业报关单、税单等数据信息基础上，构建业务模型，推出“跨境贷”小微企业贷款品种，为优质进出口企业提供线上信用贷款。该贷款品种具有以下特点。

一是主动授信，精准推送。企业无须任何额外操作，只要登录国际贸易“单一窗口”标准版门户网站或中国（广西）国际贸易“单一窗口”平台，便可在“单一窗口”平台融资申请模块直接查看工商银行推送的“跨境贷”审批额度。其具有额度精准推荐、办理快速便捷等特点，客户体验度佳。

二是线上办理，快速放款。企业获得额度后，无须向银行提交报关单、合同等纸质材料，只需在“单一窗口”与工商银行完成三方协议签订、银行用户绑定、融资申请三个步骤即可，后续由银行根据融资申请电子指令进行相应处理，最快 1～2 天即可实现放款。此外，企业提款还款均可通过工商银行网上银行进行，全程电子化远程操作，贷款实时到账，方便快捷。

三是纯信用、低成本、可循环。一方面，“跨境贷”通过企业经营数据结合金融科技核定贷款额度，为信用贷款，单户最高额度 200 万元，不需要企业提供任何担保措施；另一方面，贷款采取额度循环方式办理，循环期限内企业可以随借随还，按实际用款天数、额度计算利息，为企业节省利息支出。

为加快推动实现国际贸易“单一窗口”与金融服务深度协作，扩大金融服务实体经济的效果，针对“跨境贷”产品特点，工商银行广西分行全行动员进行推广，组织新浪、人民网、南国早报、广西工行微信公众号等多家媒体进行产品报道宣传，联合广西区商务厅、地方商务厅等政府部门在广西各地市召开“中国（广西）国际贸易‘单一窗口’金融服务推广培训会”，邀请优质进出口企业参加，并同步进行包括工商银行“跨境贷”在内的小微信贷产品宣讲、“单一窗口”的金融服务整体介绍等，扩大了业务影响力。截至2019年11月末，仅投产推广一个月时间，工商银行广西分行已经审批通过52户进出口小微企业4483万元“跨境贷”融资申请，贷款余额2630万元，在全国处在领先地位。其中，有25户企业首次得到工商银行融资支持，且该项业务在持续推进中，预计2020年可实现1亿元以上贷款发放。

三　值得推广的经验

（一）科技创新是抓手

工商银行高度重视扶持小微企业客户发展，始终践行“做好小微企业才有大未来”的发展理念，通过专业化经营持续提升小微企业金融服务能力。为全面满足不同类型小微企业客户融资需求，近年来，工商银行不断突破技术瓶颈，创新利用金融科技，构建起该行的线上重点产品体系，做到“让数据多跑路，让客户少跑腿”，运用金融科技破解小微企业融资难题。目前已推出基于企业结算、工商、税务、海关、商户收单、代发工资和自有资产等数据的多个线上融资场景，惠及了全区近3000户小微企业。

（二）政府支持是关键

“跨境贷”产品之所以能得到落地，得益于国家海关、国家口岸管理办公室等职能部门的支持，在依法合规的前提下，银行能与“单一窗口”进行端口对接，使用企业进出口数据，并以此核定相应贷款额度。工商银行另外一个线上信用贷款品种——税务贷，也是得益于税务部门主动向银行提供相关数据端口，在企业授权的前提下，银行在线得到企业纳税数据，并以此核定贷款额度。借鉴以上经验，今后在政府集中采购、医保、社保等领域也可积极争取得到相关政府职能部门的支持。

（三）客户满意是目标

以客户为中心，为小微企业提供有温度的融资服务，提升客户满意度，是工商银行的责任所在。近年来，工商银行充分利用互联网技术，从客户角度出发，设计快捷、便利、线上远程操作的贷款产品，让小微企业少跑几次银行、少些等贷时间，足不出户即可获得银行贷款资金支持和便捷的综合金融服务，助力小微企业客户发展成长。

四　创新点

（一）注重客户的极致体验感

首先，该产品将客户授信测算模型分布在国际贸易“单一窗口”，通过“单一窗口”数据直接测算出可授信额度，减少了无谓操作，减轻了企业负担。其次，客户能否贷款、能贷多少直观地显示在“单一窗口”页面，而是否贷款、何时贷款决定权在客户，客户选择权更大。再次，客户在决定申请贷款前无须在工商银行办理账户开立、网上银行开通等业务，这既扩大了客户受众面，又减轻了客户额外办理银行产品负担。最后，客户数据仍然保留在“单一窗口”，最大限度保障数据安全，减少客户数据外泄风险。

（二）注重产品的简单易用性

该产品可以在“单一窗口”完成客户贷款申请、协议签订、用户绑定等功能，后续银行根据客户操作，进行线下调查确认后，客户即可通过工商银行网上银行渠道进行线上提款还款，贷款循环使用，随借随还。整个产品从流程上来说做到了最大化的简便易用，无论对客户还是银行基层操作人员来说，都容易上手操作，从而为产品的大范围推广奠定了基础。

（三）践行综合金融服务的理念

贷款仅仅是商业银行众多业务中的一项。“单一窗口”不仅仅能提供融资功能，还是中国政府为全国进出口企业提供贸易便利化服务的“一站式”综合服务平台，旨在打通跨境贸易及口岸管理的数据壁垒，通过一点接入、一次提交标准化单证和电子信息，让数据“多走路”，让企业“少跑腿”。为此，工商银行不仅依托该窗口平台为客户提供融资服务，还积极运用平台丰富的多种金融服务功能，为客户提供在线预约开户、跨境汇款以及外汇牌价展示等多项核心业务服务，提升综合金融服务水平。

本文主创团队：中国工商银行股份有限公司广西壮族自治区分行

执笔人：林敏强、蒙万能

创新机制支持边贸互市结算

银行与第三方支付机构合作，为企业和个人提供更为便捷、优质的跨境结算服务，是广西建设面向东盟的金融开放门户的重要任务之一。中国农业银行依托自身在边贸结算业务方面的传统优势，通过积极探索，创新推出了“边民+第三方支付机构+银行”的互市结算新模式，顺应了广西全方位开放发展新战略，满足了边境互市贸易结算的新需求。该模式旨在实现“真边民、真交易、真实惠”的目的，为边民提供“一站式”的跨境结算服务，助力广西边境贸易发展，扩大金融机构社会影响力并树立良好的社会形象。

一　情况概述

中国人民银行等十三部委联合印发的《广西壮族自治区建设面向东盟的金融开放门户总体方案》明确指出，加快推进跨境人民币业务创新，允许非银行支付机构在广西选择有资质的备付金银行开立跨境人民币备付金账户，为企业和个人跨境贸易、服务贸易提供人民币结算服务。广西与越南毗邻，边境贸易活跃，边境地区长期以来都是广西跨境人民币结算业务的重点区域。作为在广西最先开办边贸结算业务的银行，中国农业银行股份有限公司广西壮族自治区分行（以下简称“中国农业银行广西分行”）长期以来不断加快边贸结算业务产品创新，不断提升边贸结算业务服务水平，助推广西边境贸易高水平发展。随着广西面向东盟金融开放门户和自贸区建设不断向纵深推进，客观上也要求金融机构探索跨境金融改革创新，开创边贸互市结算的新机制。2019

年 11 月 27 日，中国农业银行广西分行凭祥市支行与广西本土唯一一家获得互联网支付牌照的第三方支付机构敏付科技有限公司（以下简称“敏付公司”）合作，成功办理了全区首笔边民互市结算业务，这是中国农业银行广西分行继 2017 年在凭祥创新推出“边贸互市通”资金结算平台，成为首家实现边贸互市交易系统银企直联银行以来，再次开全区银行业与第三方支付机构合作之先河，开创边贸互市结算的新机制，进一步贯彻落实“巩边成边，普惠边民”的国家政策。

二　主要模式和成效

传统的边贸结算业务主要采用“边民 + 结算服务中心 + 银行”的结算模式，由结算服务中心归集边民的货款统一对外支付。在边贸互市结算的发展进程中，相关监管部门认为结算服务中心没有取得互联网支付牌照，存在一定的风险，因此监管部门要求边贸互市结算由各商业银行或取得互联网支付牌照的第三方支付机构代为结算。中国农业银行广西分行在面向东盟的金融开放门户建设的道路上“先试先行”，探索跨境金融改革创新，积极参与打造基于信息化的互市交易结算体系。该体系涉及多方参与主体，包括边民、边民合作社、边民互市服务中心、越南供货商、支付机构、互联互通信息服务平台、海关。具体业务模式如下：

1. 边民（边民合作社）在互市服务中心的越南供货商供货信息中进行询价，查看样品质量，以确定购买的商品及数量，并拿到互市服务中心提供的购货清单；

2. 边民（边民合作社）根据购货清单的交易金额将其交易资金充值或者下发到其在敏付公司开立的支付账户，或确定该款项将用于支付购买越南供货商的产品，敏付公司锁定该金额后通知边民互市服务中心；

3. 边民互市服务中心收到敏付公司通知后，告知越南供货商边民已支付，请按照购货清单打包发货；

4. 边民自身或委托边民合作社提供车辆到边境关口运输越南供货商货物，运输车辆经过越南海关后到达中国海关进行海关检查；

5. 边民到海关进行申报，向海关报告购买的货品信息、交易金额等申报明细；

6. 边民通过敏付公司的自主结算机登录自身的支付账户，点击跨境付款申请；

7. 敏付公司通过互联互通平台校验边民申报信息和付款指令信息，并经过敏付公司风控系统及黑名单筛查，在互联互通平台进行数据检验；

8. 敏付公司向银行发出人民币跨境结算指令；

9. 银行审核敏付公司提交的边民委托付款数据，查询敏付公司企业名录分类状态，进行黑名单系统筛查确认无误后，将货款付给越南供货商；

10. 敏付公司通过银行向中国人民银行进行跨境人民币收付信息报送及向国家外汇管理局进行国际收支申报，流程结束。

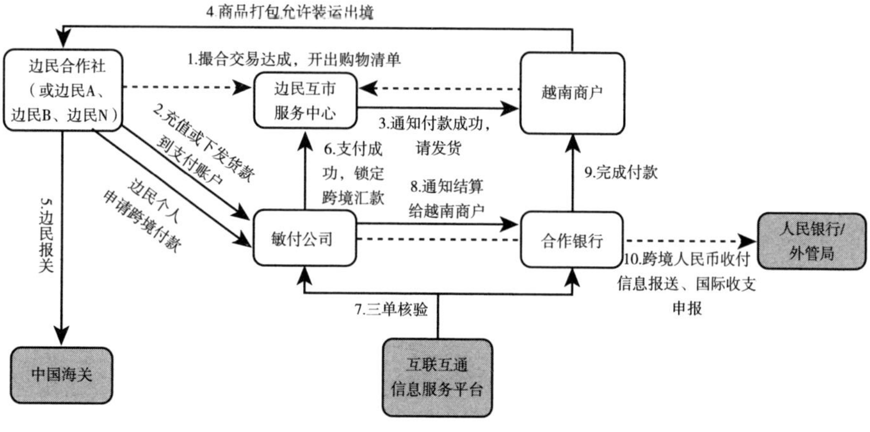

图 1　边民互市跨境贸易业务流程

中国农业银行广西分行与第三方支付机构合作创新的边民互市贸易结算新模式，顺应了监管部门的要求。该结算机制的核心在于“风险控制，合作共赢”。其基本原则就是要寻找经营、边贸发展、监管合规三者之间的交集，而非片面地强调业务发展，盲目地与同业竞争。参与互市贸易的越南商户、中国边民都通过交易结算信息管理平台进行贸易与结算，从之前的交易信息不完整到现在的每笔交易与结算都具有唯一、可查询、可统计等特性，从之前的低效率到现在的高效率，从之前的费率参差不齐到现在的统一费率，真正实现了“真边民、真交易、真实惠”的目的，为便捷边民开展互市贸易，推进边境贸易发展，进一步贯彻落实“巩边戍边，普惠边民”的国家政策，积极推动广西面向东盟的金融开放门户建设和助力中国（广西）自由贸易试验区崇左片区的建设和发展提供了经验借鉴。

三　值得推广的经验

整个业务创新过程实现了政府、企业、银行的有机联动，可为大型商业银行助推金融开放门户建设，开展业务创新提供如下经验借鉴。

一是银企联动。中国农业银行广西分行以中国（广西）自由贸易试验区崇左片区的成立为契机，积极探索，与广西本土唯一一家获得互联网支付牌照的第三方支付机构敏付科技有限公司合作，开全区银行业与第三方支付机构合作之先河，建立第三方支付边贸互市结算机制。敏付公司依法取得支付业务许可证，所从事的支付业务具有合法、合规性。其在农业银行开立有独立的跨境人民币备付金专用账户，资金独立使用，不以各种形式占用、挪用客户资金。农业银行与敏付公司通过银企联动，合作开展跨境人民币支付业务，为边民提供跨境人民币结算服务，使参与互市贸易的越南商户、中国边民都通过交易结算信息管理平台进行规范的贸易与结算，每笔交易与结算都具有唯一、可查询、可统计、效率高等特性，实现“真边民、真交易、真实惠”。

二是政银联动。近年来，广西崇左市以加强发展口岸经济、文化旅游“两篇大文章”为重点，把口岸经济作为“十三五”产业发展的重要突破口。崇左市互市贸易发展迅猛，其中凭祥市边民数量约 44 万，年均交易量上百亿元人民币。互市贸易是当地经济发展的重要组成部分，也是当地的经济特色，特别是中国（广西）自由贸易试验区崇左片区落地崇左，进一步带动了凭祥边境贸易金融业务的创新发展，同时客观上也要求政府和金融机构探索跨境金融改革创新，开创边贸互市结算的新机制。为响应政府的号召，中国农业银行广西分行结合实际情况，积极创新边贸结算机制，在政府相关金融管理部门及人民银行的支持和指导下，该行和敏付公司合作的第三方支付机制得以成功运行。通过为边民提供“一站式”服务，便捷了边民开展互市贸易，助力了边境贸易发展，有效支持了区域经济发展。

三是总分联动。在整个第三方支付边贸互市结算机制的创新过程中，中国农业银行强化总行、区分行、二级分行、支行的四级联动，区分行国际金融部和网络金融部、崇左分行、凭祥市支行强化部门协作、上下联动，加强与总行的沟通联系，为敏付公司开立了广西首个第三方支付公司跨境人民币备付金账户，并最终实现系统对接，成功办理首笔业务。

四　创新点

（一）顺应了广西全方位开放发展新战略

广西东连粤港澳大湾区，南临北部湾，背靠大西南，面向东南亚，是中国唯一与东盟国家陆海相邻的省区，是西南地区最便捷的出海通道、“一带一路”有机衔接的重要门户、西部陆海新通道交汇门户。广西在“一带一路”建设和中国—东盟命运共同体建设中的战略地位和独特作用日益凸显，广西的“南向、北联、东融、西合”全方位开放新格局初步形成，其中“西合”方面是联合云南等省份，加强与越南、缅甸、老挝等湄公河流域国家合作，推动优势产能“走出去”，积极开拓新兴市场，服务国家周边外交。中国农业银行广西分行开创边贸互市结算新机制，与服务广西全方位开放发展战略相匹配，符合边贸结算发展需求，是农行服务边境贸易、发展自身业务、支持广西边境地区经济发展、促进边民增收、服务广西经济的最佳选择。

（二）满足了边境互市贸易结算新需求

边境贸易分为边境小额贸易和边民互市贸易。长期以来，边境贸易是广西经济的特色和贸易的主要增长点，与一般贸易和边境小额贸易相比，边民互市贸易作为仅在边境地区存在的特殊贸易机制，与之相对应的结算机制也较为烦琐，急需与之相匹配的高效、便利的结算机制。中国农业银行广西分行开创的边贸互市结算新机制，可在广西其他边贸地区进行复制推广，成为中越边境金融服务领域一道亮丽风景线。

（三）符合了监管新要求

边民互市贸易作为仅在边境地区存在的特殊贸易机制，其既有普遍性，又有特殊性，除了需要执行国家的政策制度外，还要依托当地监管部门根据实际情况进行指导。边贸互市结算新机制符合监管机构最新的政策要求，对推进边贸结算业务合规发展有着非常重要的意义。

（四）开创了边境贸易互市结算新模式

中国农业银行广西分行开创的边贸互市结算新机制，符合第三方支付机构跨境支付结算的监管要求，使参与互市贸易的越南商户、中国边民都通过交易结算信息管理平台进行规范的贸易与结算，每笔交易与结算都具有唯一、可查询、可统计、效率高等特性，实现“真边民、真交易、真实惠”，通过为边民提供“一站式”的跨境结算服务，助力广西边境贸易发展，扩大了金融机构社会影响力并树立了良好的社会形象。

本文主创团队：中国农业银行股份有限公司广西壮族自治区分行

执笔人：蒙振乾

境内外联动解决“融资贵 融资难”

交通银行依托交银集团国际化和综合化优势，凭借布局全球化的交银网络，通过多项跨境金融创新举措，充分运用境内和境外两个资金市场、两种资源，降低融资成本，切实解决实体经济“融资贵、融资难”问题。交通银行股份有限公司广西壮族自治区分行（以下简称“交通银行广西区分行”）以境内外联动为抓手，2019 年联合海外分行为广西区内实体经济发放贸易融资 16.14 亿元，其中创新开展跨境资产转让业务 12.02 亿元。跨境资产转让业务为广西区内企业引入了境外低成本人民币资金，打通了境内人民币资产跨境转让渠道，完成了贸易融资资产跨境双向流动的创新运用，为拓展企业境外低成本融资渠道提供了新的思路。同时为境外金融机构提供了境外人民币的使用途径，提高了境外机构吸收、使用人民币的意愿，有利于人民币“走出去”。

一　情况概述

2018 年底，经国务院同意，《广西壮族自治区建设面向东盟的金融开放门户总体方案》（以下简称《总体方案》）正式印发，为交通银行参与中国—东盟跨境金融合作建设提供了新课题、创造了新机遇。该行对此高度重视、快速融入、积极沟通、创新实践，充分利用广西的区位优势及政策利好，以国际化综合化的专业服务，助力广西建设面向东盟的金融开放门户，积极在《总体方案》框架内探索业务创新模式。2019 年，交通银行在面向东盟的金融开放门户南宁核心区和自贸区南宁片区金融领域建设上，共办理对公、投行、同业、普惠、个人等首创业务11笔，涉及人民币业务金额18.1亿元，美元业务金额7.3亿元。该行充分发挥交银集团全球布局优势，通过境内外联动为区内企业降低融资成本。

二 主要模式和成效

（一）主要模式

1. 联合离岸金融业务中心支持广西实体经济发展

交通银行作为广西唯一一家持有离岸金融牌照的国有控股大型商业银行，积极发挥优势为区内企业提供离岸金融服务。总行在各自贸区、新疆霍尔果斯离岸人民币单元积累了丰富的创新经验，在创新区域开展离岸业务，可以提高对跨国企业集团的综合服务能力，助力中资企业“走出去”。

截至2019年末，交通银行广西区分行离岸客户合计75户，2019年全年离岸客户结算量为5.25亿美元。该行联合离岸中心为境内企业发放融资，其中进口代付和保票通合计630.26万美元。此外，积极联合离岸中心提供全口径跨境融资服务，引入境外低成本资金，合计为区内企业发放跨境直贷2180万美元。该行不断推进服务流程优化与成本压降，全力支持地方实体经济发展。

2. 发挥交银集团国际化综合化优势开展跨境结算及投融资

一是发挥网络优势，推进跨境结算及国际贸易融资投放。为支持区内企业做大做强，交通银行广西区分行不断加大金融支持力度，积极服务实体经济。2019年，该行累计向区内企业发放贸易融资本外币折合人民币20.76亿元，实现国际结算量32.15亿美元，跨境人民币贸易结算量41.13亿元。为降低汇兑风险，该行通过配套远期结售汇、期权等外汇衍生产品，为企业锁定远期汇率波动风险，累计签约办理远期结售汇业务42.74亿美元。

二是深化与东盟各国的跨境金融合作创新，推进人民币与主要东盟国家货币的挂牌兑换和跨境清算交易。2014年和2017年，交通银行分别完成了越南盾与柬埔寨瑞尔的银行间市场首发交易。此外，稳步推进人民币与主要东盟国家货币的挂牌交易，在现有新加坡元、马来西亚林吉特、泰铢、菲律宾比索的结售汇交易基础上，积极拓展人民币与越南盾、印度尼西亚卢比等主要东盟国家货币的兑换挂牌。通过参与和推进人民币清算体系的建设，为中国—东盟经贸提供便利的结算服务。

3.联合海外分行开展跨境资产转让助推国内贸易发展

《总体方案》在主要任务中明确指出，“在充分评估基础上，允许广西银行业金融机构将其持有的人民币贸易融资资产转让给境外银行”。开展国内信用证项下跨境福费廷转让业务，有益于扩宽企业融资渠道，降低企业财务成本，提升企业竞争力。同时为境外金融机构提供境外人民币的使用途径，提高境外机构吸收、使用人民币的意愿，有利于人民币“走出去”。交通银行广西区分行积极向中国人民银行进行试点申请，率先获得跨境资产转让业务资格。

交通银行广西区分行选取沿边六地市（南宁、钦州、北海、防城港、百色、崇左）范围内注册企业开展国内信用证项下跨境福费廷转让业务，即国内信用证中的买方、卖方中必须有一方为沿边六地市内注册企业，同时该项业务必须经由交通银行沿边六地市范围内分支机构办理跨境转让操作。在制度及流程设计方面，交通银行已经具备较完善的福费廷业务管理体系，该行严格依据《交通银行福费廷业务管理办法》《交通银行福费廷业务会计核算办法》等制度开展国内信用证项下跨境福费廷转让业务。在境外银行业务协商方面，交通银行总行给予高度支持，协调各海外分子行配合该项业务的开展，同时根据广西分行业务开展需要，协调系统外代理行参与业务合作。

2019年交通银行广西区分行累计办理国内信用证项下福费廷业务

11.07 亿元，均为业务期限一年以内短期人民币贸易融资，所有到期业务均已正常完结，无逾期发生，业务管理有效、风险可控，良好的客户基础为跨境资产转让创造了有利条件。2019 年该行累计办理了 12.02 亿元跨境转卖业务，打通了人民币资产跨境转让渠道，完成了贸易融资资产跨境双向流动的创新运用。

4. 打造“五位一体”账户服务支持体系

交通银行广西区分行充分发挥交通银行的境内企业境内银行传统账户、自由贸易账户（FT）、境外机构境内银行账户（NRA）、离岸外币账户（OSA）和霍尔果斯离岸人民币账户等“五位一体”的账户体系优势，结合境内外两个市场、多个渠道，为境内外企业提供本外币、离在岸一体化的优质服务。

（二）业务亮点

1. 为自贸区内民营企业办理首笔联动贸易融资业务

2019 年 9 月 16 日，交通银行广西区分行联合交通银行布拉格分行为广西日星金属化工有限公司成功办理了自贸区南宁片区企业首笔联动贸易融资业务，金额合计 631.23 万美元。

2. 为自贸区内国企办理首笔国内证福费廷跨境转让业务

2019 年 10 月 31 日，交通银行广西区分行联合交通银行澳门分行为南宁威宁市场开发有限责任公司成功办理了自贸区南宁片区首笔国内证福费廷跨境转让业务，涉及金额 300 万元。

跨境资产转让业务为自贸区内企业引入了境外低成本人民币资金，打通了境内人民币资产跨境转让渠道，完成了贸易融资资产跨境双向流动的创新运用，为拓展企业境外低成本融资渠道，积极扶持地方实体经济建设提供了新的思路。

3. 联合境外分行为区内同业合作贡献力量

2018 ~2019 年中资美元债发行量翻了 10 倍，短期海外融资需求高涨，基于此交通银行总行托管中心联合交通银行离岸金融中心、同业部，成功营销广西北部湾银行港债通托管产品，由客户直接与香港托管中心签署托管协议及开立境外托管账户，投资柳州东通投资发展有限公司境外债。交通银行以该笔业务为依托，连同境内城商行、农商行，通过香港托管中心为客户开立境外托管账户，投资境外环球债券市场。截至 2019 年 11 月，共投资金额 8000 万美元，丰富了北部湾银行外币资产品种，满足了其资产分散化、收益多元化需求。

三　值得推广的经验

（一）发挥国际化优势，境内外联动降成本

交通银行是中国银行业对外开放的引领者，目前已在全球 16 个国家和地区设有 21 家海外机构，为“一带一路”建设、中国企业“走出去”等重要项目提供优质金融服务。近年来，其在新加坡、越南也设立了分行，为服务东盟国家展开了新布局。该行通过多项跨境金融创新举措，从资金“引进来”和资金“走出去”两个维度，充分运用境内和境外两个资金市场，探索解决实体经济“融资贵、融资难”问题。

（二）探索不动产抵押新模式

面向东盟的金融开放门户建设及广西自贸区总体方案均积极支持金融机构开展贸易融资资产跨境转让业务，以便拓宽实体企业融资渠道，利用境内外两个市场、两种资源降低融资成本。南宁银发〔2019〕338 号文也提出“探索在自贸区内试点向境外银行开展不良资产、贸易融资等资产的转让业务”。《国家外汇管理局关于进一步促进跨境贸易投资便利化的通知》（汇发〔2019〕28 号，以下简称“汇发〔2019〕28 号”）要求“研究推进扩大境内信贷资产对外转让业务的主体范围和转

让渠道，试点打包资产转让，扩大可对外转让的信贷资产范围，包括银行不良资产和贸易融资等”。

在资金“引进来”渠道方面，不动产抵押融资作为存量资产资本化的重要方式，是实体企业融资的重要手段。2018 年 6 月，交通银行系统内南沙分行成功办理全国首例中资银行境外分行不动产抵押跨境融资业务，区内银行为区内民营企业引入境外低成本贷款 4000 万元，为民营企业跨境融资开辟了一条新的可行之路，推动其成为传统信用方式下中小企业信贷的有益补充，并构建了跨区域、跨行业的不动产跨境抵押融资业务沟通协调机制。

交通银行广西区分行拟在国内证福费廷跨境转让的基础上，扩大广西自贸区可转让资产范围、拓宽转让渠道，推动不良资产跨境转让业务试点落地。基于系统内的成功经验，该行拟通过境外机构接洽当地的大型资产管理公司、有意向参与次级债投资的券商等金融机构开展卖断式不良资产转让合作。为推进不良资产跨境转让业务顺利落地，需在不动产跨境抵押登记或境内分行抵押登记代持协议方面进行突破。境内不动产跨境抵押登记方面，可借鉴广东经验，与房产交易中心、国土资源局等相关部门沟通，突破现行《不动产登记操作规范（试行）》中没有对境内金融企业的境外分支机构作为抵押权人做出描述的瓶颈限制，申请试点办理境内不动产跨境抵押登记。

本文主创团队：交通银行股份有限公司广西壮族自治区分行

执笔人：农韦静

跨境人身保险服务跨境务工人员人身安全

随着“一带一路”建设和沿边综合金融改革（以下简称“沿边金改”）不断深入推进，崇左市用工需求日益旺盛，进入广西边境地区务工的越南籍人员数量逐年递增，同时他们在中国境内生产生活的风险也在上升。针对这一实际情况，中国人寿保险股份有限公司广西壮族自治区分公司（以下简称“中国人寿广西分公司”）2015 年创造性地提出了开展跨境人员意外伤害保险服务的构想，经过持续推动，2017 年 8 月在凭祥市境外边民务工管理服务中心开启了开展跨境劳务人员意外伤害保险服务的先河。2019 年，承保跨境保险 9.39 万人次，提供风险保障约 177 亿元，赔付案件 19 件，赔付金额 11.39 万元。跨境劳务人员人身保险服务的开展，有效地改善了边境地区企业用工荒的问题，助力提升广西对外开放水平，服务金融开放门户建设，服务广西经济发展。

中国人寿广西分公司创新开展跨境劳务人员保险服务，为跨境劳务人员在中国境内的生产生活提供保险保障，全力助推广西面向东盟的金融开放门户建设工作，促进广西特别是边境地区的社会经济发展。

一　情况概述

随着“一带一路”建设和沿边金改不断深入推进，崇左市作为“一带一路”前沿的重点节点城市，处于快速发展期，边境地区用工需求日益旺盛。越南作为东盟国家中的新兴经济体，劳动力人口充足，进入广西边境地区务工的越南籍人员数量逐年递增。据统计，2019 年跨境劳务人员办理入境手续达 15 万人次。

在跨境劳务人员入境人数逐年增多的同时，他们在境内生产的风险也在上升。针对这一实际情况，中国人寿广西分公司 2015 年向崇左市相关部门创造性地提出了开展跨境人员意外伤害保险服务的构想，经过持续推动，2017 年在全国范围首家开展跨境劳务人员意外伤害保险服务。截至 2019 年 12 月，中国人寿广西分公司共承保跨境保险 18.36 万人次，提供风险保障约 330 亿元，赔付案件 48 件，赔付金额 22.18 万元。其中，2019 年承保人数为 9.39 万人次，赔付案件 19 件，赔付金额 11.39 万元。

二　主要模式和成效

（一）政保联动是打开局面的重要因素

2015 年以来，中国人寿广西分公司把握沿边综合金融改革时机，发挥公司服务网点、技术等优势，努力探索创新保障领域，不断提升服务人民、服务社会的能力，助推“一带一路”建设。为响应崇左市政府的号召，主动汇报沟通，提出参与推动跨境人员保险服务的构想，得到崇左市有关部门的充分肯定和大力支持。公司与崇左市有关部门协商，在保险方案、保险资金解决途径、服务方式方法等方面达成一致。2017 年 8 月，崇左市所辖的凭祥市政府启用了境外边民务工管理服务中心，公司获准上线即时出单系统，开展跨境保险服务。为提高跨境劳务人员的保障水平，公司进一步与崇左市有关部门商定，2019 年对跨境务工人员意外伤害保险服务进行提档升级。

（二）解决保险资金来源问题是推动工作的可靠保障

为解决保险资金来源问题，崇左市有关部门明确保险费由劳务派遣公司或用工单位承担，为开展跨境务工人员人身保险服务提供了重要保障。境外劳务人员在办理入境手续时，劳务中介公司先行垫付保险费，后期再与聘用境外劳务人员的单位进行清算。劳务中介公司在政府指定的窗口使用即时出单系统在1分钟内完成出单并提供保单。完成保险办理后，该劳务人员才可领取《外国人停留证》。由于劳务中介公司出单简便快捷，劳务人员的《外国人停留证》一日之内即可办结。

（三）提档升级，不断提高跨境劳务人员保障水平

中国人寿广西分公司在开展跨境劳务人员保险服务之初，保险责任有三项：一是被保险人因意外事故死亡时，公司赔付150000元；二是被保险人因意外事故残疾时，公司依据伤残程度赔付，最高150000元；三是被保险人因意外事故在我国乡级及以上的公立医院，或中国人寿认可的医疗机构诊疗时，公司最高赔付医疗费25000元。

为使跨境劳务人员能够得到更加全面、更高额度的保障，中国人寿广西分公司经与崇左市有关部门协商，从2019年5月起，在不提高保费的前提下，将入境劳务人员的保障范围由3项扩大到5项，保障总金额由175000元提高到188000元，即在维持原先三项保险责任和保障额度不变的同时，增加了10000元猝死保障和3000元的疾病住院医疗责任保障。此番调整，得到了劳务公司、用工单位、跨境劳务人员三方的一致支持和好评。

（四）及时快捷的理赔服务，彰显公司诚实守信形象

中国人寿广西分公司在承保跨境劳务人员保险时，即向劳务公司、用工单位和劳务人员宣讲理赔服务相关事项，确保跨境劳务人员能够准

确了解和维护自己的利益。客户出险后，劳务公司或用人单位代客户办理理赔手续，将理赔资料交到出入境管理中心跨境保险服务窗口或直接联系中国人寿广西分公司服务人员，中国人寿广西分公司及时核赔。属于理赔大案的，中国人寿广西分公司及时上门服务，慰问出险客户，将赔款支付给劳务公司或用人单位（治疗费用一般由劳务公司或用人单位先垫付，客户签署权益转让书）。

（五）主要成效

1. 服务“一带一路”建设

崇左市与越南山水相连。崇左市是“一带一路”前沿的重要节点城市，越南是广西从陆路通往东南亚沿线的重要国家，对包括越南籍在内的大量跨境劳务人员开展跨境劳务人员保险服务是服务“一带一路”建设的具体体现。

2. 对向外宣传广西乃至我国保险制度产生积极作用

中国人寿广西分公司积极为跨境劳务人员提供保险服务，增强了越南等东南亚国家和人民对我国保险制度的了解，有利于向东南亚国家和人民宣传广西乃至我国的保险制度，扩大我国保险制度的国际影响力。

3. 开展跨境保险服务有助于促进广西边境地区的经济发展

发展跨境劳务人员保险服务，有利于境外劳务人员获得保险保障，解除他们的后顾之忧，使他们在我国境内能够安心生产和生活，同时帮助边境地区的企业等用工单位解决“用工荒”问题，促进广西边境地区的经济发展。越南籍劳务人员黎某在广西越香园乳制品股份有限公司上班时，不慎从高处坠落，造成左手骨折，盆骨裂伤，被紧急送往凭祥市人民医院治疗，中国人寿广西分公司闻讯后立即成立以崇左分公司总经理室主要领导为组长的理赔领导小组，第一时间派工作人员赶往医院探望客户并核实情况。经与医院沟通并了解客户治疗费用后，中国人寿广西分公司开通绿色理赔通道，迅速展开收集理赔资料，仅用一天时间就将一万元的预理赔款送到客户手中，黎某获得理赔后非常感激（见图1）。

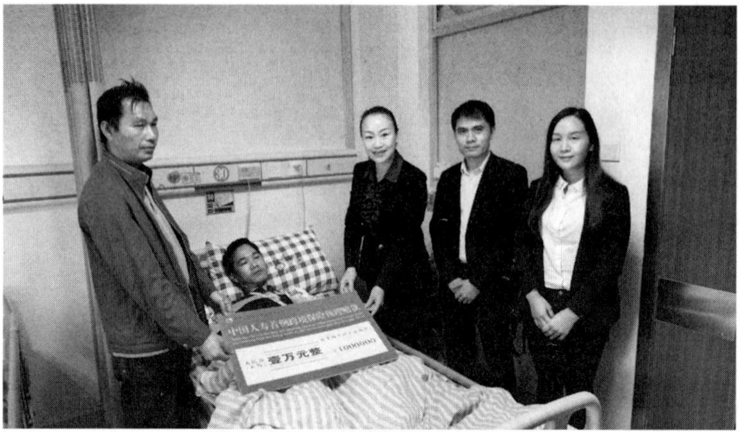

图1　中国人寿广西分公司将预理赔款送到越南籍劳务人员手中

三　值得推广的经验

中国人寿广西分公司在崇左开展的跨境劳务人员保险业务具有较大的借鉴和推广意义。一是为保险行业助推面向东盟的金融开放门户建设提供思路。开展跨境劳务人员保险服务使跨境劳务人员得到保险保障，具体体现在为进入广西边境地区务工的境外人员提供人身保障。此项目向广西政府、保险行业和广大群众展示了人身保险服务助力沿边金融发展的可能性，为广西保险业服务面向东盟的金融开放门户建设提供了有价值的成功案例。二是积累了多方协作模式的运作经验。保险公司与政府、保险行业协会等联合推动跨境保险业务发展的模式，为广西保险业积累了多方合作的宝贵经验，也为今后政企协同推进深化合作提供了参考。三是为其他边境地区提供了开展跨境人身保险业务的示范案例。此跨境保险项目为全国范围内的首创，其运作模式具有可复制性，广西沿边的百色市、防城港市均可以借鉴该案例，开展跨境人身保险服务，促进广西保险业为面向东盟的金融开放门户建设做出更大贡献。

四 创新点

（一）提供适合跨境劳务人员的保险业务

中国人寿广西分公司开展跨境务工人员保险服务的举措属国内首创，该服务是根据当地跨境劳务特点，为跨境劳务人员量身打造的保险服务。其承保模式、服务方式、理赔机制均贴合跨境劳务活动实际，既适合崇左市，也适合我区其他边境地区，而且还为我国其他边境地区或使用外籍劳务人员的单位提供了有益的借鉴。

（二）实现跨境保险即时出单

中国人寿广西分公司通过自身开发的 E 门店系统，实现收取保费后即时出单，简化了投保流程，缩短了跨境劳务人员入境时间，助力政府相关激励政策的实施，使广西对跨境务工人员具有更大的吸引力。

（三）创新政企多方合作模式

中国人寿广西分公司创新政企合作模式，主动与政府、保险行业协会沟通，协助建立政府、保险行业协会、保险企业共同参与的跨境保险协同机制，形成多方合力，共同推动跨境劳务人员保险服务发展，其运营模式对今后保险业与多方合作共促发展有着重要的借鉴意义。

本文主创团队：中国人寿保险股份有限公司广西壮族自治区分公司

执笔人：李保良

跨境机动车保险服务广西边贸旅游业

一　情况概述

广西是“一带一路”有机衔接的重要门户，凭祥、东兴等多地短途过境营业货车和短期过境自驾游私家车往来频繁，仅凭祥友谊关口岸2017年出入境车辆就达23.48万辆次，防城港东兴口岸2019年上半年出入境车辆也高达12万辆次。大力发展跨境机动车保险服务，可以为广西边贸往来、自驾游等保驾护航，为支持国家“一带一路”建设和广西边贸繁荣提供更加全面的风险保障。

二　主要模式和成效

早在2017年9月5日，中国人民财产保险股份有限公司广西壮族自治区分公司（以下简称“人保财险广西分公司”）就在广西凭祥友谊关口岸召开发布会，率先采用行业统一的《机动车出境综合商业保险示范条款》，正式签发了机动车出境综合商业保险全国第一单，填补了行业出境机动车保险产品的空白。这标志着行业内规范化的出境车保险产品正式投入使用，体现了广西金融助力外贸发展的新尝试，是保险业服务“一带一路”建设，服务广西“走出去”战略的重要举措。2019年，借助广西建设面向东盟的金融开放门户的东风，人保财险广西分公司继续大力发展跨境机动车保险，累计为72411辆次的跨境车辆提供额度超72.32亿元的风险保障。

三　值得推广的经验

一是持续加强与政府的沟通。公司领导多次向自治区政府相关部门、崇左市人民政府、凭祥市人民政府汇报跨境保险业务的推进情况，通过公司服务、网点和产品等优势，定制个性化保险产品，提供周密细致和经济合理的保险服务方案，配合当地政府做好沿边金融改革，确保当地政府、企业、群众放心和满意，为助推广西企业“走出去”保驾护航，争取当地政府的重视和支持。

二是得到广西银保监局大力支持。首单签约以后，监管部门即时组织《中国保险报》记者跟随走基层采访团来到广西，就保险业助力“一带一路”建设进行了实地采访。通过对广西融入沿边金融综合改革大局取得成效的了解，采访团对当地政府支持当地保险业构建跨境保险服务网络、为“一带一路”建设提供多方位保险服务取得的良好成效进行了系列宣传和报道，得到当地政府的重视和各相关部门的配合支持，扩大了社会影响，促进了广西跨境车辆保险业务的开展。

三是主动协调相关部门。公司为配合当地相关部门做好出境机动车业务衔接，主动向凭祥综合保税区和友谊关口岸国际道路运输管理处进行沟通汇报，重点汇报近期跨境车辆保险情况和下一步的工作需求，就当前业务开展中存在的问题和相应解决办法进行沟通，通过大家共同探讨和提出建设性实施方案，并达成共识，为解决出入境车辆承保出单、海关检验、签发运输证等时间衔接问题打下坚实基础。

四是加强跨境机动车保险宣传。公司充分利用成功举办“机动车出境综合商业保险全国首单签发仪式”契机，通过中央电视台、广西电视台、广西广播电台、南宁电视台、南宁广播电台、广西日报、南国早报等主流媒体进行新闻报道和媒体采访等宣传途径，以及通过印制宣传海报和宣传折页、向出入境驾驶员派发讲解等方式，积极配合广西跨境车辆保险新产品的推广和宣传工作，取得了较好的成效。

五是致力寻求跨国保险战略合作。为更好地服务于广西沿边金融综合改革，为广西边境贸易提供更全面、更快捷的保险服务，中国人民财产保险有限公司（以下简称“人保财险”）一直致力于向广西边境国家寻求保险合作。2018 年 9 月 7 日，在第四届中国—东盟保险合作与发展论坛召开期间，人保财险与越南国有保险公司——越南保越保险总公司签订全面战略合作协议。双方发挥各自优势，开展中越沿边金融开放、跨境保险、对外投资合作项目保险、业务交流等多领域的沟通和合作，在“一带一路”建设不断深化的背景下，共同为在越南投资经营的中国企业和在中国投资经营的越南企业提供更加完善的风险管理解决方案和更加优质的保险服务。此次战略合作协议的签订，不仅标志着两家公司保险业务合作迈入新的征程，还代表中越两国保险合作发展翻开新的篇章。

四　创新点

由于不同国家法律、保险监管制度等方面存在差异，各地跨境车保险的条款、费率都以各地经办公司自行拟定为主，缺乏统一的承保理赔与服务标准。人保财险广西分公司率先采用行业统一的《机动车出境综合商业保险示范条款》，开发了跨境车险新品，精简了附加险条款，价格便宜，手续简便，出单快捷，满足了不同车主的多样化需求。

本文主创团队：中国人民财产保险股份有限公司广西壮族自治区分公司

执笔人：于凡、吴静

支持崇左龙州精准防贫

本着“金融扶贫，保险先行”的理念，中国人寿保险股份有限公司广西壮族自治区分公司（以下简称“中国人寿广西分公司”）主动作为，充分发挥专业优势，调整思路、转变观念、创新模式，2019年6月与龙州县人民政府合作，在行业内率先推出“精准防贫保险”项目。项目聚焦非贫低收入户和建档立卡贫困户，在因病、因学、因灾等经基本医保、大病保险、民政救助、二次报销、财政兜底等部门报销后年内累计费用超过防贫预警线时，便可对其发放防贫保险金。2019年，经筛查走访确定因家庭生活困难符合精准防贫救助条件的农户共179户，认定救助金78.89万元。其中贫困户97户，发放救助金31.74万元；非贫困户82户，发放救助金47.15万元。项目实现从“精准扶贫”到“精准防贫”的有效衔接，从源头上筑起防止贫困的“截流闸”和“拦水坝”，得到崇左市委、市政府的充分肯定。

中国人寿牵头集团驻桂四家成员单位（中国人寿、国寿财险、广发银行、国寿养老）积极参与广西金融开放门户建设，实施战略合作协议中“脱贫攻坚合作”项目，充分发挥专业优势和机构优势，在广西各地通过捐赠款项、挂点帮扶、派驻干部、保险扶贫等方式，探索出脱贫防贫新模式。

一　情况概述

2018年，广西崇左市龙州县脱贫成果经国家验收通过，龙州县成为广西首个脱贫摘帽的国家级贫困县，脱贫攻坚任务也逐渐从精准脱贫向精准防贫转变。在此背景下，如何有效控制贫困增量和防止已经脱贫的人群因病、因灾、因学等致贫返贫的现象发生，是当地政府高度关注和着重解决的新问题。“金融扶贫，保险先行”，中国人寿广西分公司主动作为，充分发挥专业优势，积极调整思路、转变观念、创新模式。2019年，通过崇左市分支机构具体运作，公司在行业内率先创新推出“精准防贫保险”项目。该项目聚焦非贫低收入户和建档立卡贫困户等人群，增强该人群抗风险能力，从源头上筑起防止贫困的“截流闸”和“拦水坝”，为保险助推脱贫攻坚贡献国寿智慧。

自2019年6月项目启动以来，截至12月20日，经筛查走访确定因家庭生活困难符合精准防贫救助条件的农户共179户，认定救助金78.89万元。其中贫困户97户，发放救助金31.74万元；非贫困户82户，发放救助金47.15万元。中国人寿广西分公司推出的“精准防贫保险”项目有效地解决了非贫低收入户和建档立卡贫困户因病、因学和因灾致贫返贫的问题。

二　主要模式和成效

（一）主要模式

1. 依托大病保险，启动防贫机制

龙州县“精准防贫保险”项目依托医保信息系统，利用互联网、大数据等信息平台，采取“大病保险+”的模式，通过大数据精准筛查、“回头看”全面排查、现场核查等方式，对于非贫低收入户和建档立卡贫困户中，因病、因学、因灾等经基本医保、大病保险、民政救助、二次报销、财政兜底等部门报销后年内累计费用超过防贫预警线的人群，借助中国人寿一直承办的大病保险专业化手段，启动跟踪程序，实施入户核算。对于人均年度可支配收入低于10500元的被核查人员家庭，再经综合认定符合条件后，便可发放防贫保险金，并落实其他帮扶措施。

2. 政企结合，确保精准防贫

龙州县政府与中国人寿合作，由县政府出资投入386万元创设“精准防贫救助金”，中国人寿负责完成核算任务，形成了政府主导、市场运作的新模式，具体操作流程如下。首先由龙州县政府相关部门根据因病、因学、因灾等不同情况下的预警线，确定监测对象相关信息（包括致贫返贫原因、实际医疗花费等情况）并报告县防贫办公室。县防贫办公室收到相关信息后，委托中国人寿（第三方）逐一调查核实。中国人寿将在第一时间通过“四看一算一核一评议”的方式对被监测对象家庭调查取证，并对家庭情况进行整体评价。中国人寿将调查结果反馈后，县防贫办公室再以乡镇为单位，对调查结果进行评议、公示(为期五天)。最后由县防贫办公室对乡镇上报结果进行审批、备案，并通知中国人寿崇左分支机构负责按标准发放防贫救助金，并将有关凭证上报县防贫办公室存档。

3. 确立精准防贫保险补偿条件、报销标准

对于非贫低收入户和建档立卡贫困户中，因病、因学、因灾等经基本医保、民政救助等部门报销后年内累计费用超过防贫预警线的人群，按赔付比例和超额累进制计算防贫救助金。因病防贫救助金发放标准最高比例为90%，因学、因灾防贫救助金发放标准最高比例为80%。

4. 服务专业，高效给付解难题

中国人寿在龙州县成立精准防贫办公室及精准防贫保险服务中心，抽调骨干力量组建防贫服务专业团队。其中精准防贫保险服务中心主任1人，核查工作人员2人，综合服务岗2人，为龙州困难群众提供费用审核、调查补偿、政策宣传、咨询解答和进度协查等服务。

（二）防贫保险成效显著

中国人寿与政府共同推动“精准防贫”项目的实施落地，真正实现从“精准扶贫”到“精准防贫”脱贫攻坚工作的有效衔接，这是一项同时对人民群众、国家政府、保险行业及企业自身有利的新时代保险扶贫创新项目。

1. 群众受惠

中国人寿通过大数据排查，主动联系符合防贫保险条件的困难群众，协助群众提交相关材料至中国人寿精准防贫保险服务中心，申请办理手续。“精准防贫”项目在中国人寿的实际运作下，群众无须奔波往返于政府各部门申请补偿，资料手续更简单，补偿流程更快捷。在便民利民方面实现了新的突破，得到了群众的一致好评。

2. 政府满意

龙州精准防贫保险项目体现“小成本运营，多赢式合作，创新性典范”，实现政府部门“四个不需要”，即不需要增加人员编制，不需要增加办公设备，不需要增加系统投入，不需要多部门流转。该项目通过集约化运作，节省了人力、物力、财力，得到了龙州县政府的高度认可和支持。

3. 行业推崇

精准防贫保险项目在广西保险市场属首创，新颖、精准、高效，获得了崇左市银保监局及同业保险公司的一致认同。地方主流媒体也对此进行了关注和报道。

4. 公司受益

开展精准防贫保险项目，展现了中国人寿在扶贫领域敢想敢做、勇于创新、积极承担社会责任的良好企业形象，提升了公司品牌和社会影响力。

广西崇左市龙州县是广西壮族自治区第一个实现摘帽的国家扶贫重

点县，当地通过建立精准防贫救助机制，从 2019 年 6 月份以来，已经有效救助了近 200 名因病、因学、因灾等致贫返贫农户。

图 1　“精准防贫保险”项目实施后，受到区内外主流媒体的高度关注，纷纷进行报道。上图为 CCTV13 报道的实况

三　值得推广的经验

（一）转变观念，升级脱贫攻坚战

2020 年是脱贫攻坚战的决胜之年，越来越多的贫困地区会实现脱贫摘帽。各级政府扶贫工作的重点将由精准脱贫转向精准防贫，保险防贫未来的市场潜力巨大。中国人寿积极转变传统观念，主动承担职责，在保险扶贫领域开展了一次大胆尝试和有益探索，完成了从“精准脱贫”到“精准防贫”的转变，打响了广西脱贫攻坚新战役。

（二）强化模式，巩固脱贫攻坚成果

中国人寿吸取在崇左经办大病保险业务的经验，在健康扶贫“一站式”即时结算平台的基础上，加强资源统筹，创新推出“精准防贫保险”项目。项目在锁定目标群众、简化办理流程、加快金额给付等方面均有所改进，通过不断强化自身业务运营模式，在新的脱贫攻坚形势下不断巩固已取得的脱贫攻坚成果，做出积极的贡献。

（三）合作多赢，共创脱贫攻坚可持续模式

“精准防贫保险”项目成功实现了群众、政府、公司三方多赢，为精准防贫、乡村振兴提供了保险路径、贡献了国寿智慧。

四　创新点

（一）由精准扶贫向精准防贫转变

自2018年广西崇左市龙州县成为广西首个脱贫摘帽的国家级贫困县以来，中国人寿依旧持续助力广西打赢脱贫攻坚战。在脱贫攻坚新形势下，中国人寿主动思考、不断进步，及时转变观念，把在龙州县的脱贫攻坚工作重心转移到“精准防贫”上，迅速完成了“精准防贫保险”项目的落地，实现了从“精准扶贫”到“精准防贫”的华丽转身。

（二）由行业扶贫向合力扶贫转变

脱贫攻坚事业不能只靠一个企业或一个行业，需要政企形成合力，这样脱贫攻坚才能取得更好的效果。因此，中国人寿主动与当地政府进行沟通合作，通过深入开展入户调查、异地核查等服务，有效破解政府

人力不足的难题，并以强大的科技优势、专业的运营团队、高效的服务质量，在精准识别、及时预警、便捷申请、高效给付等方面做出实实在在的成绩，赢得群众和政府的认可，与政府一道为“精准防贫保险”项目注入蓬勃的生命力。

本文主创团队：中国人寿保险股份有限公司广西壮族自治区分公司

执笔人：卢结春

推动跨境保险创新

发挥出口信用保险的政策性功能，扩大出口信用保险覆盖面是外贸稳增长的一项长期重要工作举措。近五年来，国务院《政府工作报告》连续对“出口信用保险”工作作出安排。特别是近两年来，为了应对国际贸易环境不断恶化的局面，在国务院历次政府常务会议上，李克强总理都提出要扩大出口信用保险覆盖面。2018 年国务院在对地方工作的大督查中，首次将出口信用保险覆盖面作为重要的督查指标。中国出口信用保险公司广西分公司积极履行政策性职能，全力扩大出口信用保险覆盖面，为企业出口和“走出去”保驾护航，坚决打好外贸稳增长这场硬仗。

一　情况概述

出口信用保险是世界贸易组织（WTO）规则所允许的各国政府支持本国企业出口和对外投资的政策工具。2001 年 12 月 18 日，我国经批准加入世界贸易组织 7 天后，我国唯一的政策性保险公司——中国出口信用保险公司（以下简称“中国信保”）挂牌成立。国家及时修改及后来历次修订的外贸法，都将出口信用保险作为扶持我国对外经贸发展的重要政策工具。中国信保秉持“分担出口风险，保障收汇安全”的经营宗旨，在损失补偿、融资促进和风险管理三个方面，为广大出口企业和“走出去”项目提供了全面高效的金融服务，累计支持的国内外贸易和投资规模已超过 4.5 万亿美元；支付赔款近 140 亿美元；带动企业获得融资超过 3.5 万亿元人民币。

中国信保 2008 年在广西设立省级分支机构（简称“广西信保”），

其已经累计支持企业出口及“走出去”273 亿美元，支付赔款约 5000 万美元，带动企业获得融资超过 200 亿元人民币。特别是 2015 年以来，广西信保始终将扩大出口信用保险覆盖面作为履行政策性职能的首要核心任务，出口企业出现在哪里，信保服务就跟进延伸到哪里，不断扩大出口信用保险覆盖面，出口信用保险对出口企业覆盖率快速攀升至 58%，高于全国平均水平约 30 个百分点，跃居全国前列。

二　主要模式和成效

（一）政保互动、协同推进，扩影响增信任

为加大信保与政府的人才交流合作，从 2015 年开始，中国信保共选拔 4 名总部部门正职领导挂任柳州、北海、防城港等市常委、副市长，广西信保也及时跟进和加强了与区市县政府部门和企业的人才双向交流。通过多层次全方位的人员交流，增强了政府和企业对信保政策性作用的认识理解，有力地推动了多项合作事项落地。中国信保先后与自治区政府签署了战略合作协议、深化合作协议以及共同推动面向东盟的金融开放门户合作备忘录，广西信保与南宁、柳州、桂林等市签署了战略合作协议，将政策性出口信用保险纳入各层级外贸政策服务体系中。在各地商务部门支持下，广西信保每年召开政策宣讲会 30 场次以上，实现外贸重点市县全覆盖。不少外贸企业谈到，过去信保客户经理上门宣介产品，企业总担心上当受骗。现在商务部门召集大家一起开会，领导把政策讲透彻了、信保经理把业务也说明白了、受益企业谈切身体会更是生动实在，企业对用好国家信保政策信心更足了。

（二）雪中送炭、应保尽保，强信心降风险

2015 年以来，面对国际贸易环境日趋恶化，企业出口面临下行压

力的不利局面，广西信保第一时间挺身而出，发挥逆周期调节作用，主动调整承保政策，全力落实应保尽保，确保支持力度不减、服务劲头不松，在可损金额较 2017 年提高 198% 的情况下，限额满足率、承保短期险保额仍分别提升了 10% 和 42%，较好满足了企业出货需求，让企业保住了市场，稳住了经营。同时该公司坚持不惜赔、不拖赔，开通理赔绿色渠道，大幅度提升理赔效率，2019 年平均理赔结案时间较 2017 年下降 57.5%，中小企业结案时间缩短近 70%，真正体现了“雪中送炭”的真谛。此外，该公司利用信保强大的资信调查网络，帮助出口企业实时跟踪海外买家信用状况，帮助企业适时调整出口销售策略，积极主动地管理经营风险。如桂林线缆从 2006 年与中国信保合作以来，已累计投保出口信用保险保额超过 20 亿美元，通过信保严格的风险管控，企业按时结汇率 99% 以上，并对少量的出险情况及时给予赔付。线缆集团表示，“在中国信保的护航下，公司对走出国门做生意更安心，更有信心拓展‘一带一路’沿线国家市场”。

（三）完善政策、无缝衔接，稳预期减负担

自治区从 2009 年开始实施的“中小企业海外风险政府支持计划”（以下简称“政府支持计划”）一直由中国信保广西分公司承担，该政府支持计划的平稳发展对广西中小企业出口增长、抢抓订单发挥了关键作用。但是由于以往政府支持计划需要每年年初重新确定支持条件、措施等，不少企业感受到政策不稳定不连贯，今年不知道明年政策是否有变化，一到年底年初就不敢放开手脚接订单，常因此错失了市场机会。近年来，为顺应广西中小出口企业的业务发展需要，广西信保多次积极主动向自治区政府汇报情况并提出意见建议，建议经政府采纳后，广西从 2019 年开始将政府支持计划对出口企业的保障范围从年出口不超过 300 万美元提升至年出口不超过 500 万美元，并且将过去每年商议支持措施的惯例改为三年内政策不变，大大提高了政策含金量和稳定性，让

企业吃下了定心丸，极大地激发了广西中小出口企业抢订单、拓市场的积极性。2019 年，在该政策的带动下，享受政策保障的广西中小出口企业数量增加 23.9%，申报的中小企业出口额猛增 22.2%，广西信保与中小出口企业的“一对一”签单率达到 75.9%，同比增长 5 个百分点。

图 1　2020 年广西“走出去”风险保障平台政策宣讲暨对外投资合作统计培训

（四）保单撬动、银保合作，增信用促融资

中小企业融资难、融资贵一直是党中央、国务院关注的金融改革难点问题。广西中小出口企业大多处于成长初创期，普遍资产规模不大，盈利能力有限，抗风险能力较弱，在申请银行贷款时，很难满足银行要求的抵质押担保条件，即使勉强达到要求，也会由于可变现资产和授信额度被占用，造成“一单未回款，无力接新单”的局面，这严重制约了广西中小出口企业的发展。有的企业反映，如果能够更灵活地解决融资担保问题，其出口量可以扩大数倍。为解决这一问题，中国信保与各

银行联合，以中国信保保单为撬杠，以信保项下的应收账款为质押，形成简化中小出口企业融资担保条件的“保单融资”一揽子解决方案，将中国信保保单对中小出口企业的出口收汇保障功能延伸为对银行的还款保障功能，中小出口企业无须提供额外担保或抵质押即可获得银行流动资金贷款。以最近广西信保与广西建行合作开发的信保贷产品为例，出口企业在广西国际贸易“单一窗口”门户网站申报出口并在线上完成投保后，即可在线自动获得广西建行保单融资授信，授信额度最高可达200万元，且无须额外抵押担保，当日即可放款，这些简易化的操作有效缓解了中小企业融资难、融资贵的问题，更加体现了信保的价值，增强了企业投保的意愿。

三　值得推广的经验

（一）促信保落地

出口信用保险是来源于西方发达国家的舶来品，专业性非常强，许多术语也洋味十足。虽然中国信保是我国唯一的政策性保险公司，但是过去地方领导及有关部门、企业高管对信保知晓率非常低，甚至有的直接联系部门和已经投保的客户，多数都仅仅是知信保其名，不知其所言。中国出口信用保险公司广西分公司反复研究和吃透产品内涵，结合自治区实际，多用政府语言向各级领导及有关部门汇报，多用企业熟悉易懂的方式推介信保产品，并且时刻以客户需求为导向，最大限度简化客户承保、报损和索赔手续等。不少政府领导和企业高管听了该公司介绍表示，总算弄明白了信保是什么、干什么。该公司同时还通过报刊、电视、网站等媒体广泛宣传，并在南宁、柳州、桂林等中心城市的机场、地铁、高速路、市中心商业区等人流密集地区连续投放宣传广告，极大提升了信保在自治区的知名度。

（二）干政府所需

作为政策性金融机构，积极支持国家对外开放政策实施是本职。广西信保秉持“国家所指，信保所向”的理念，从国家大政方针和地方经济社会发展大局出发谋划工作，积极落实服务实体经济、防控金融风险、深化金融改革三大任务，努力推动广西面向东盟的金融开放门户、西部陆海新通道、自由贸易区建设，为建设壮美广西贡献信保力量。面对错综复杂的国际环境，尤其自 2008 年世界金融危机以来，许多企业面对出口订单常感到困惑迷离：接，担心货款回不来；不接，企业没有出路。从自治区政府 2009 年建立政府支持计划以来，中国信保以不到全国平均费率的一半特批对广西中小企业的出口保障，广西信保十年如一日承保自治区出口中小企业的收汇安全，对促进广西连续多年的出口稳增长起了重要作用。2016 年，为切实发挥自治区“一带一路”有机衔接重要枢纽的作用，广西信保积极响应自治区政府号召，具体承担了“广西‘走出去’风险保障平台”的搭建和运行，大力支持企业服务国家“一带一路”建设，2015 年该公司保障企业“走出去”项目保额规模不到 2 亿美元，2019 年保额超过 22 亿美元，增长 11 倍多。

（三）解客户之忧

牢固树立“以客户为中心”的理念，站在客户的角度和立场思考问题，打破让客户适应产品的思维定式，在依法合规的前提下，无论是风险保障还是促进融资，都充分依据信保职能，主动适应客户和市场需要开展创新，提供客户和市场需要的价值。比如，北部湾国际港务集团积极参与国家“一带一路”建设，2014 年开始在东盟国家开展港口、产业园区和钢铁厂等建设，但是对于国外政府换届的政权更迭、政策变化、社会动荡等政治风险始终顾虑重重。中国信保了解到情况后，第一时间向国家有关部门汇报，确保了该项目的顺利推进。

目前，该集团将所有海外项目均交由中国信保提供风险保障，共投保17.5亿美元，成为广西衔接“一带”与“一路”、推进“西部陆海新通道”建设的主力军。北部湾国际港务集团董事长周小溪表示，中国信保为企业“走出去”保驾护航，让企业敢于走、安心走，走得稳、走得赢。

图2　广西北部湾港务集团收购“马来西亚关丹港40%股权项目”

（四）用产品增效

衡量企业产品的核心标准是效益，只有能够创造或增加效益的产品才有生命力。自治区某大型企业，2004年开始善于用好信保产品，如果不考虑政府扶持，其仅以五分之一的保费换取信保五倍的赔付，同时长期持续享受到信保对其销售风险的管控服务，这极大支持了该企业产品销往全球100多个国家和地区，并为其在多个国家投资办厂提供了风险保障。同时，有的“走出去”企业通过信保保单的带动获得银团10亿美元贷款用于海外投资；有的通过信保买方信贷赢得总承包累计3亿多美元的国外工程项目，盈利数亿元；还有不少中小企业在持续运用信保促进出口，不断由小到大逐步做强。

四 创新点

（一）强化协同配合，形成政策推动合力

通过加强人才交流，强化与政府、银行、客户的全方位合作，形成推动国家信保产品落地的合力，用足用好信保政策。

（二）优化完善平台，加大承保力度

积极承担“广西‘走出去’风险保障平台”建设和政府支持计划实施，并在实际工作中根据企业的诉求，推动有关部门加以完善，提高政策含金量和连续性，为企业提供更为完善的海外信用风险保障。目前，“广西‘走出去’风险保障平台”承保规模位居全国前列，政府支持计划“一定三年”也展现了较好的政策稳定性和连续性，让企业充分感受到了政府的温度和政策的厚度。

（三）挖掘信保价值，促进企业融资

与建行共同开发推广信保贷产品，出口企业在广西国际贸易“单一窗口”门户网站申报出口并在线上完成投保后，无须额外抵押担保，即可秒批秒放贷款，有效缓解了企业融资难、融资贵难题。另外，通过赔款转让，保障银行融资安全，增强了银行放贷意愿。

本文主创团队：中国出口信用保险公司广西壮族自治区分公司

执笔人：张显、甘健珺

精准扶贫平安“三村”工程

一 情况概述

一滴水珠，只有融入大海才不会干涸；一家企业，只有把自身发展融入国家命运、民族复兴，才能基业长青。中国平安积极响应党中央坚决打赢脱贫攻坚战的号召，根据党的十九大报告“要坚持大扶贫格局，注重扶贫同扶态、扶智相结合”的要求，2018 年正式启动总公益投入为 100 亿元的“三村”建设工程，面向“村官、村医、村教”所涉及的三个方向，实施产业扶贫、健康扶贫、教育扶贫，助力中国新时代美好生活的实现和美丽乡村的建设。

图 1　2018 年 5 月 21 日，中国平安与广西壮族自治区人民政府签订“三村”工程扶贫战略合作协议

二　主要模式和成效

（一）“村官”工程

充分发挥金融扶贫优势，根据广西贫困地区经济发展水平和产业特色，通过扶贫债、产业扶贫贷款等方式为政府和企业提供脱贫攻坚特别是产业扶贫所需的资金支持，通过扶智培训、消费扶贫等方式，为贫困村培育乡村致富带头人，打造特色农产品品牌，并以“风险保障”为根本，为自然灾害、市场风险、身体疾病、意外事故等导致的重大损失提供风险保障，保障经济社会稳定发展。

1. 平安集团

围绕广西“三村”工程中的“村官”工程，中国平安累计发放扶贫贷款7.19亿元，目前已在广西初步形成如下五种扶贫模式。

（1）支持当地龙头企业发展，提振地方经济

2018年5月16日和5月21日，平安银行相继向南华糖业百色田东二厂发放两笔贷款，每笔5000万元，合计发放1亿元扶贫贷款。平安联合南华糖业开展种植产业扶贫工程，通过对田东县蔗农实施甘蔗肥料补贴（已发放50万元）、甘蔗收购等举措鼓励贫困农民多种甘蔗，直接助力贫困户改善当地贫瘠土壤2000亩以上，实现增产增收。目前已直接惠及贫困户301人。

（2）引入外部先进农业企业，为地方产业建设注入新鲜血液

2018年4月21日，全国首笔扶贫贷款落地，发放来宾正大现代农业有限公司产业扶贫贷款3000万元。平安联合正大集团开办大型养猪场开展养殖产业扶贫，通过雇用贫困农民在养殖场务工直接助力农民增收，未来农民学习养猪技术后可通过土地分红、合作社代建养猪场等模式与正大展开养殖合作。目前已直接惠及贫困户16人。

（3）通过发放水电企业扶贫合作贷款，扶持村集体经济

通过给予广西正润发展集团有限公司 1.39 亿元扶贫合作贷款（分 3 笔发放：2018 年 5 月 31 日发放 6500 万元，6 月 15 日发放 2400 万元，6 月 29 日发放 5000 万元），支持广西贺州市昭平县水电站营运，并定向帮扶水电站当地贫困户，“一对一”结对帮扶 55 户建档立卡贫困户共计193 人。

（4）建立长效扶贫机制，真正带动贫困户实现稳定脱贫

2018 年 12 月 13 日，中国平安向广西农村投资集团发放 2 亿元贷款，支持企业改善 24 个贫困县的供电能力及服务，惠及供电区域内的 146 万余贫困人口。同时，该公司下属企业积极探索农业产业扶贫之路，创新“公司 + 合作社 + 贫困户”模式，以食用菌产业为依托，让贫困户跟企业合作，参与分红，该合作分红的模式惠及龙州县 8 个乡镇的 1500 户贫困户，让他们分享到产业发展的红利。在食用菌的生产、管理等一系列过程中，被雇用的当地村民主要从事接种、采菇、装袋等工作，目前雇用的村民有 300 多人，其中涉及建档立卡贫困户 48 户。

（5）通过发放路桥企业扶贫贷款，支持贫困县高速公路建设

2019 年 1 月 22 日，中国平安向广西路桥集团发放扶贫贷款 2.5 亿元，解决路桥集团春节前付款高峰的燃眉之急。直接支持乐业、巴马、三江等 6 个国家级及 2 个自治区级贫困县的高速公路建设，惠及建档立卡贫困人口约 46 万人。

2. 平安产险广西分公司

结合政府的产业扶持需求，平安产险广西分公司因地制宜推出“扶贫保”农业全产业链综合服务方案，依托“产业政策 + 信用保险 + 贴息捐赠”，建立“政府 + 银行 + 保险公司 + 企业 + 贫困户”的产业扶贫模式，撬动企业扶贫贷款，并通过协助农产品销售、引入现代化农业技术等完成产业扶贫闭环，为广西“造血式”脱贫贡献平安方案、平安力量。

2019年，平安产险“扶贫保”模式已成功落地广西河池市罗城县、百色市隆林县，成为中国平安在广西实施“三村”工程产业扶贫建设的重要里程碑。针对县域当地特色产业和核心龙头企业，平安产险广西分公司通过提供贴息贷款、协助农产品销售、引入现代化农业技术等产业扶贫项目打造产业扶贫闭环，将“输血式”扶贫变为“造血式”扶贫，带动当地现代农业发展，促进农民增收，助力当地实现脱贫战略目标。目前，平安产险广西分公司通过“扶贫保”模式与两县核心龙头企业合作，撬动企业贷款累计700多万元（持续增加中），带动建档立卡贫困户200余户，为县域特色的毛葡萄、柑橘、杉木等产业的升级和持续发展增加动能。随着项目合作的进一步深入，所涉及的产业项目还将带来若干就业机会，实际受益贫困户预计将超过以上预估值。

（二）“村医”工程

聚焦“村卫升级”“村医培训”“辅助治疗”“健康检测”4大医疗服务升级行动，以及为村民建立“健康管理档案”专项行动，提升贫困地区整体医疗水平。

平安养老险广西分公司联合平安好医生、平安租赁、平安证券，在百色市、贺州市、桂林市、柳州市、河池市、梧州市和南宁市马山县部分贫困地区开展“3+1”智慧医疗综合行动，全面升级“村卫帮扶”“村医培训”“健康监测”三大医疗服务，为村民建立“健康管理档案”，提升贫困村民疾病防治水平，助推当地智慧医疗建设。截至2019年12月，累计共向150个贫困村卫生室发放“平安智慧村卫生室”铭牌，共捐赠价值约300万元的医疗设备，用于改善基层村卫软硬件环境，惠及贫困人口11.81万人；向百色市易地扶贫搬迁项目捐赠500万元；举办11场村医现场培训会，培训乡村医生1720名；举办现场体检义诊活动122场，共体检、义诊19297人（其中体检价值约600万元）。

图 2　平安智慧村卫生室揭牌

（三）“村教”工程

重点开展“学校升级”“校长培训”“支教行动”“教师培训”4 项行动，依托中国平安先进的 AI、大数据科技优势，开发线上智慧教学平台，试点打造并适时推广平安“双师”课堂，全面提升当地教育水平。

2018 年 8 月以来，平安人寿广西分公司依托“学校升级”项目已向 96 所乡村小学捐赠远程录播设备（价值 480 万元），其中河池市 25 所、百色市 32 所、南宁市 16 所、崇左市 8 所、贺州市 10 所、桂林市 2 所、梧州市 2 所、柳州市 1 所。“学校升级”项目合计惠及 66492 名学生，其中建档立卡贫困学生 10571 名；“校长培训”暨“青少年科技素养提升计划”项目已在南宁举办两期平安智慧小学校长线下培训，共有 247 名广西乡村小学校长参加；“支教行动”项目已招募培训 211 名长期支教志愿者，并已进驻 60 所平安智慧小学进行长期支教，惠及 35528 名学生，其中建档立卡贫困学生 5600 名。

图3　平安智慧小学挂牌成立

三　值得推广的经验

（一）产业扶贫——“村官工程”

产业扶贫在广西初步形成六种扶贫模式：（1）依托地方政府债投资，支持脱贫攻坚项目。（2）支持当地龙头企业发展，提振地方经济。（3）引入外部先进农业企业，为地方产业建设注入新鲜血液。（4）通过发放水电企业扶贫合作贷款，扶持村集体经济。（5）建立长效扶贫机制，真正带动贫困户实现稳定脱贫。（6）通过发放路桥企业扶贫贷款，支持贫困县高速公路建设。

（二）健康扶贫——“村医工程”

在广西开展“3+1”智慧医疗综合行动，全面启动“村卫帮扶”“村医培训”“健康检测”三大医疗服务，为村民建立“健康管理档案”。提升村卫硬件水平，科技赋能村医，做好村民健康管理。

（三）教育扶贫——“村教工程”

在广西贫困地区开展“4＋1”智慧小学建设综合行动，全面开展“学校升级”“校长培训”“支教行动”“教师培训”4项行动，同时开发“三村晖”线上智慧教学平台，长期开展“平安双师课堂”和“三点半素质课堂”，并大力支持幕天捐书项目为学生捐赠图书。

四　创新点

（一）中国平安依托“三村”建设工程，全面调动集团资源，上下齐心，面向“村官、村医、村教”所涉及的三个方向，实施产业扶贫、健康扶贫、教育扶贫，积极创新、拓宽扶贫行动，建立长效扶贫机制，真正带动贫困户实现稳定脱贫，助力中国新时代美好生活的实现和美丽乡村的建设，切实支持和服务民生和实体经济。

（二）中国平安通过“利息减免”等金融措施，扶持当地优势产业；以信息科技赋能扶贫行动，打造“三村”“智慧扶贫”，依托平安先进的AI、大数据科技优势，确保扶贫贷款精准到户，借助远程医疗、远程教育平台，将平安在城市推行的“智慧医疗”“智慧教育”复制推广到贫困地区，向贫困地区输送优质的医疗、教育资源。

不负韶华，笃定前行。未来，中国平安广西各机构将按照自治区党委、政府和平安集团的统一部署，持续深入实施“三村”工程，聚焦脱贫攻坚和乡村振兴，勇担责任，积极作为，助力提升广西偏远贫困地区的经济发展、医疗健康和教育发展水平，为全区打赢脱贫攻坚战做出更大贡献。

本文主创团队：中国平安养老保险股份有限公司广西壮族自治区分公司

执笔人：周文斌、陈世彬

“扶贫保”构筑产业扶贫闭环

一　情况概述

中国平安财产保险股份有限公司（以下简称“平安产险”）作为平安集团“三村”工程的重要实施单位，以“真扶贫、扶真贫、精准到户、建档立卡、小步快跑”的原则落实扶贫工作，推出产业扶贫平安“扶贫保”模式。该模式通过在贫困高发地区围绕扶贫产业，实现扶贫资金的“免息免担保”，落实农户“见货不见贷”的贷后资金闭环管理，打造覆盖人、财、物的一揽子风险保障方案。

平安产险“扶贫保”模式于2017年9月在贵州台江县首次成功实施落地，并已在贵州、内蒙古、甘肃、宁夏、重庆、河南、湖北、广西等11个省区市复制推广，各项产业扶贫项目总计带动贷款超过1.8亿元，带动贫困户超过10000名，项目贴息金额逾千万元。自互联网订单农业“1+N”模式试点上线以来，扶贫农产品销售额超过1000万元。“扶贫保”模式获得了政府及监管部门的高度认可，荣获中国保险行业协会颁发的“全国保险业助推脱贫攻坚十大典型奖”、中国保险报“杰出社会责任传播奖”等多个全国性奖项。

二　主要模式和成效

（一）事前，撬动“免息免担保”产业扶贫资金

通过贴息及保证保险的形式，围绕1个目标产业，实现扶贫资金的

“免息免担保”，降低贫困人口的参与门槛，保障扶贫资金顺畅运行，激发贫困户的内生动力。

图 1　中国平安集团与河池市人民政府座谈会

（二）事中，运用“保险 + 科技”的手段

要保证项目的安全运行，一是打造覆盖人、财、物的一揽子保险方案，降低参与产业扶贫的建档立卡贫困户的经营生产风险，提高其生产劳动意愿；二是以科技赋能扶贫，打造智慧扶贫独特模式。通过引入区块链、人工智能科技，确保扶贫工作精准到户。将人脸识别、指纹识别、声纹识别等科学技术应用于保险扶贫工作中，确保建档立卡贫困户信息的完整性和真实性，也确保各项保障精准到户，为“信用白户”地区贫困人口信用体系的建立提供支持。

图 2　平安产险广西分公司罗城防贫惠农保险捐赠仪式

（三）事后，打造三大“互联网 + 协销”模式，构建产销扶贫闭环

借助“平台类电商开设线上商铺、垂直类电商完善销售链条、互联网电商推介会”三大农产品协销方式，为扶贫农产品直达消费者餐桌提供全方位解决方案。一是借助平台类电商，拓宽扶贫农产品销路。针对已具备独立品牌及自有销售渠道的贫困地区农产品，主要借助平安集团综合金融优势，为其打通“平安壹钱包”“平安好医生”“橙 E 商家”等平台类互联网电商矩阵，建立产品店铺，并通过平安好车主 APP 等用户平台，开展推广活动。通过借助集团内外部消费群体的力量，为农产品扩宽销售渠道。二是联合垂直类电商，建立完善的产品流通渠道。为了进一步挖掘和发挥贫困地区农产品优势，提升农产品价值，平安产险联合农产品垂直类电商，重点选择还未建立自有销售渠道和独立品牌的具有地方特色的扶贫农产品，为其建立完整的种植指引、质检、加工、仓储、物流等销售产业链条，搭建从土地到餐桌的长效稳定的流通渠道，并形成独立的农产品品牌。三是搭建展销平台，举行

“互联网+”主题论坛，促进产销对接合作全面升级。通过举办农产品产销推介会，为来自贫困地区的带贫企业提供展位并搭建其与互联网电商平台的对话平台。

图3　2020年平安集团与河池市罗成仫佬族自治县人民政府签署采购意向书

（四）建立贫困户精准挂钩机制

平安产险“扶贫保”产业扶贫模式，以贫困地区扶贫产业为切入点，扶持当地龙头企业，明确规定贷款用途，建立和建档立卡贫困户的利益联结机制，落实精准扶贫。

项目具体挂钩机制包括：一是生产资料帮扶。地方政府需筛选确认项目挂钩的建档立卡贫困户人员明细清单，龙头企业向该清单贫困户支付土地租金、代购种子、化肥、农药等农资。二是订单回收帮扶。龙头企业与挂钩建档立卡贫困户签订订单回收合同，按照不低于市场价的约定保底价回收农作物。通过由龙头企业向贫困户发放生产所需物资，并提供生产技术支持，可大幅提高平均产量。三是生产技术支持。针对签订种植合同订单的贫困户，龙头企业专业技术团队为其提供播种、田间指导等全流程支持。收获阶段可帮助贫困户在当地协调收割机。四是用工岗位扶贫。在播种、收获等用工高峰季节，不定期为贫困农户提供用工岗位，提高贫困户收入。五是土地流转分红。针对龙头企业扩大生产规模时承租贫困户土地的情况，将土地流转的费用及利润的一定比例对挂钩贫困户进行分红。

针对县域当地特色产业和核心龙头企业，平安产险广西分公司通过提供贴息贷款、协助农产品销售、引入现代化农业技术等方式打造产业扶贫闭环，将“输血式”扶贫变为“造血式”扶贫，带动当地现代农业发展，实现农民增收，助力当地实现脱贫战略目标。

目前，平安产险广西分公司通过“扶贫保”模式与县域核心龙头企业合作，撬动企业贷款累计约2500多万元，带动建档立卡贫困户600余户，为县域特色的毛葡萄、柑橘、杉木等产业升级和持续发展增加动能。随着项目合作的进一步深入，所涉及的产业项目还将带来一定就业机会，实际受益贫困户预计将超过以上预估值。

三　值得推广的经验

其一，通过贷款贴息及信用保证保险等形式，围绕1个目标产业，撬动扶贫资金杠杆作用，降低扶贫资金成本。

其二，运用“保险+科技”的手段，保证项目的安全运行。打造覆盖人、财、物的一揽子保险方案，降低参与产业扶贫的建档立卡贫困户的经营生产风险。

其三，打造三大“互联网+协销”模式，构建产销扶贫闭环。借助“平台类电商开设线上商铺、垂直类电商完善销售链条、互联网电商推介会”三大农产品协销方式，为扶贫农产品直达消费者餐桌提供全方位解决方案。

其四，建立贫困户精准挂钩机制，包括：生产资料帮扶、订单回收帮扶、生产技术支持、用工岗位扶贫、土地流转分红等。

四　创新点

（一）智慧扶贫模块建设

智慧扶贫是平安“三村工程”扶贫项目的核心特色，依托平安的人工智能、云计算和区块链三大核心科技，积极构建多元扶贫场景，以科技赋能扶贫。

一是实现扶贫项目全流程管理的线上化。扶贫项目过程线上化，直观展示项目调研、贷款、风控管理、还款管理等，实现扶贫项目的线上管理。

二是实现扶贫项目效果的实时展示。项目现场照片、挂钩贫困户清单及增收情况均可实现实时后台维护。在照片采集上，引入空间相机技术，实现经纬度坐标、时间日期、采集人等信息的水印化，可保证扶贫项目实施过程的真实性。

三是引入多项 AI 人工智能技术，确保扶贫项目精准挂钩到人。通过引入 OCR 文字识别、人脸识别、牲畜识别、AIS 风险管理系统等多项 AI 人工智能技术，并通过证件识别、面部识别等方式验证贫困户身份，做到扶贫资源精准分配到人。

（二）互联网产销对接

2019 年 11 月 29 日 ~30 日，在中国扶贫基金会支持下，中国平安联合旗下平安产险召开“平安三村百宝”扶贫年货节启动会暨平安产险智慧农业、科技农险新平台发布会。“平安三村百宝”扶贫年货节旨在促进产业扶贫、消费扶贫融合发展。年货节的首场活动，融合 B 端和 C 端资源，联合湖南卫视快乐购和平安旗下电商平台扶贫产品专区，面向 2 亿平安客户推荐优选扶贫农产品，从而帮助扶贫企业实现线上线下销售“多点开花”，打造中国平安产业扶贫的“产销”闭环。

（三）智慧农业溯源平台

平安产险依托“物联网、区块链、大数据、AI、云计算” + 农业，构建智慧农业溯源平台。全流程溯源介入，记录农业生产全流程，形成监测生产日志、生长日志，囊括农业生产上中下游全产业链信息，上游追踪种子、农药、化肥、饲料、药品来源和使用情况，中游记录传感器、摄像头等物联网设备所提供的种养操作信息、消毒防疫信息、检疫合格信息等，下游记录产品包装、物流、经销商等信息，最终在终端商品处生成二维码，用于展示溯源信息。通过“溯源 + 产销”帮助农业企业“提品质、创品牌、降成本、增收益”，匹配“农业保险 + 溯源保险”为农业企业生产风险和食品安全风险提供保障，使之逐步形成支柱优势产业。

本文主创团队：中国平安财产保险股份有限公司广西壮族自治区分公司

执笔人：张伟明、唐菲

创新融资服务平台

针对政府公共资产负债管理存在的国资融资监管不够规范、国有资产运行效率不高、融资交易不透明等痛点、难点问题，平安集团下属公司中国平安重庆金融资产交易所有限责任公司与南宁市政府通力合作，在全国首创融资服务平台，以国有企业融资为核心，兼顾其他社会融资，为企业提供多样化、个性化融资模式和智能化融资方案。通过融资交易透明化，有效预防腐败，构建“不能腐”的制度机制，营造一个公开、透明、高效的竞争环境，形成强监管、降成本、防腐败的健康生态。

一 情况概述

为助力“壮美广西·国资云”建设，健全国资国企权责利相统一的管理机制，帮助国企降低融资成本，提升资产质量，化解债务风险，实现国有资产保值增值，2016 年底平安集团下属公司中国平安重庆金融资产交易所有限责任公司（以下简称“重金所”）与南宁市政府通力合作，搭建融资服务平台和产权信息平台，其中融资服务平台为全国首创。融资服务平台通过建立“线上服务与线下服务相结合、标准化推动与个性化需求相补充”的特色服务体系，以国有企业融资为核心，兼顾其他社会融资，为企业提供多样化、个性化融资模式和智能化融资方案，并为政府提供前沿专业的金融智库服务。产权信息平台将市属国有企业产权交易项目同步推送到重金所平台，利用平安集团及重金所的客户资源优势，将产权交易信息面向全国公开展示，通过跨区域展示提高市场化竞价程度，有利于实现国有资产收益最大化。

图1　融资服务平台官网

二　主要模式和成效

针对政府公共资产负债管理存在的国资融资监管不够规范、国有资产运行效率不高、融资交易不透明等痛点、难点问题，重金所创新提出构建公开透明的融资服务平台和对市场化程度起提升作用的产权信息平台，一揽子解决上述监管难题。主要做法及成效如下。

（一）推动国企线上融资，提供优质融资服务

融资服务平台提供银行贷款、企业债、信托贷款、公司债、融资租赁等五大融资渠道的项目挂牌功能。同时提供会员管理、项目预公告、项目撮合、项目正式挂牌、项目询价、项目竞价、线下成交、交易查询、市场行情追踪与分析等一站式融资服务。融资服务平台汇聚大量金融机构作为资金方，并整合大量优质融资项目，利用平安集团综合牌照的实力优势，通过互联网创建广阔的、信息便捷的金融市场环境，坚持

公平、公正、公开的交易原则，实现“一对一”“一对多”的高效融资服务。

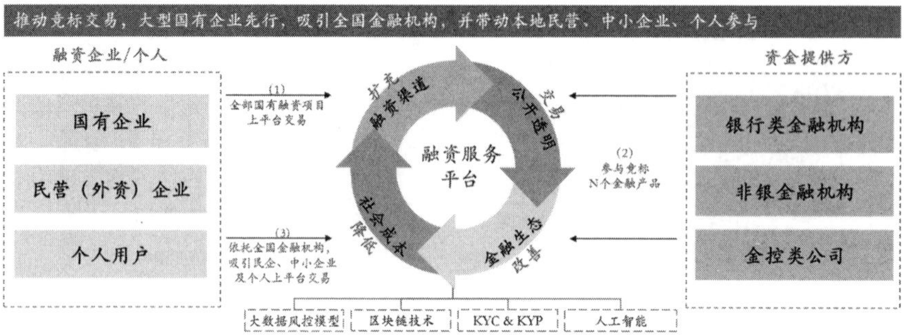

图 2　融资服务平台业务模式

（二）充分拓宽融资渠道，有效降低社会成本

融资服务平台满足地方经济发展资金需求，通过推动国企融资项目线上竞价交易，撮合资产方（行政事业单位、国有企业、民营企业等）和资金方（社会金融机构），引导全国性金融机构和投资者进入，帮助企业拓宽融资渠道，节约融资成本。

融资服务平台自 2017 年 6 月上线以来，运营良好。截至 2019 年 12 月 31 日，融资服务平台已注册会员累计达到 1343 家，其中非银金融机构会员 359 家，银行金融机构会员 266 家，企业会员 718 家；平台累计挂牌融资项目 219 宗，挂牌总金额超过 900 亿元；累计竞价完成项目 183 宗，总金额逾 800 亿元；累计已成交项目 134 宗，总金额约 7 亿元；节约融资成本超过 6 亿元。

（三）打破原有利益壁垒，营造公平竞争环境

利用融资服务平台解决信息不对称问题，实现融资交易公开透明，打破原有利益壁垒，压缩权力寻租空间，达到预防腐败的目的。同时，

背靠平安大数据平台及核心风控模型，精确匹配供给及需求，提高成交率；利用区块链技术，确保数据不可篡改、信息及时共享，保障竞价公开、公平、公正，以国有企业带动民营企业，促进存量资产流转盘活，全面改善地方金融生态。

三　值得推广的经验

经过两年多的开发建设，融资服务平台不断优化项目摘挂牌管理模块和会员体系，持续完善配套服务，提高平台易用性及竞价活跃度，获得了各级领导和主流新闻媒体的肯定与支持。值得在同业机构中推广的经验如下。

（一）借助融资服务平台，强监管、降成本、防腐败

通过推动国企融资项目线上竞价交易，有效强化国资融资监管，实现国有资产保值增值；通过拓宽融资渠道，广泛引入全国金融机构参与竞拍，有效降低企业融资成本；通过融资交易透明化，有效预防腐败，构建“不能腐”的制度机制，营造一个公开、透明、高效的竞争环境，形成强监管、降成本、防腐败的健康生态。

（二）扩大融资服务范围，缓解企业融资难、融资贵

继融资服务平台在南宁开花结果后，本着扩大平台影响力、丰富平台运作模式、提高市场化运作水平的考虑，平台持续扩大客户群体，积极拓展中小企业、外地国企等客户，切实解决企业融资难、融资贵问题。未来，在地方国资委及政府各相关职能部门的支持和指导下，融资服务平台将持续为广西地区经济繁荣发展做出积极贡献。同时，重金所将加速该模式在国内其他省市落地，力争在全国形成示范推广效应。

四 创新点

作为国内首创的国有企业融资信息服务及增值服务平台，融资服务平台持续加大产品创新力度，努力提高市场核心竞争力，将平台做大做强做优，为广西企业融资创造更加优越的环境。主要创新点如下。

（一）强化国资融资监管，实现国有资产保值增值

融资服务平台目前已与南宁市国资委国资一体化系统进行对接，实现南宁市国资委对市国有企业日常融资行为的实时监管，有助于政府深化公共资产负债管理改革，推进政府治理体系和治理能力建设，有效解决政府公共资产负债管理存在的底数不清、监管滞后、国有资产运行效率不高、存在权力寻租空间等“痛点”问题，营造公平、公正、公开的竞价环境，实现国有资产保值增值。

（二）建立高效的国企融资线上公开竞价模式

应用大数据建模、智能推荐、用户行为分析等先进技术，采用利率向下竞拍、线上综合评选等方式公开竞选优质资金，广泛引入全国范围内金融机构，推动以国有企业融资为主、兼顾其他社会融资的融资项目线上竞价交易，提升融资效率。为了不断完善系统建设，确保提供更优越的系统体验和客户服务，2019 年融资服务平台持续优化竞价机制，新增和完善了综合计分模型、银团贷款、市场行情追踪与分析等 45 项系统功能，加大了平台创新力度。

（三）拓宽企业融资渠道，有效降低融资成本

借助互联网为企业在原融资渠道之外提供更广阔的融资渠道，通过建立“线上服务与线下服务相结合、标准化推动与个性化需求相补充”

的特色服务体系，提供需求发现、挂牌辅导、竞价撮合等多类服务，帮助企业拓宽融资渠道、提升融资效率，实现融资方式多样化、融资模式个性化和融资方案智能化。

以南宁市某公司挂牌项目为例，2019 年 9 月 29 日某公司在融资服务平台挂牌某河道综合整治工程项目，融资金额 20.4 亿元，融资期限 10 年，竞价时间为 2019 年 11 月 8 日 10：00～10：30，起拍利率为五年期以上 LPR 上浮 10%。该挂牌项目共有三家金融机构参与竞价，竞价过程中三家金融机构共出价 60 次，项目共延时 94 分钟，最终某银行以五年期以上 LPR 下浮 9%的最优报价利率摘牌。本例通过融资服务平台撮合摘挂牌方参与融资项目，并以引入金融机构间公开竞价的方式，帮助企业择优选择金融机构，为企业降低融资成本共 1.09 亿元，创下平台单项目节约融资成本最高纪录。

本文主创团队：中国平安重庆金融资产交易所有限责任公司

执笔人：唐庆、黄中之

与南宁市政府合创智能云平台

一　情况概述

为深化政府公共资产负债管理改革，打好防范化解重大风险攻坚战，有效解决政府公共资产负债管理存在的底数不清、监管滞后、国有资产运行效率不高、存在权力寻租空间等“痛点”“难点”问题，2016年底平安集团与南宁市政府通力合作，在全国首创地方政府公共资产负债管理智能云平台（以下简称“智能云平台”），助力“壮美广西·财政云·国资云”建设。经过两年多的不断探索，智能云平台围绕实现公共资产“摸得清”“来去明”“管得住”“利用好”的目标稳步推进，凸显了南宁特有、全国首创的品牌特色。截至目前，智能云平台已形成“一套系统”（包括财政一体化、国资一体化、财政地图、国资地图和扶贫资金监管系统）的建设成果，在摸清政府家底、加强地方财政和国资管理、降低融资成本、完善扶贫资金监管、遏制扶贫领域腐败、构建“不能腐”机制体制等方面探索出了一条可行的路径并取得了积极成效。

二　主要模式和成效

一是构建电子动态地图，全景展现政府“家底”。为解决公共资产数据不清、底数不明以及政府各部门与国有企业之间信息相互孤立、标准不统一等问题，智能云平台通过开发端口接入和数据共享等方式，采集分散在400多家行政事业单位和230多家国有企业的资产负债数据。在统一数据标准的基础上，利用云计算、大数据和“互联网＋”等前沿科技，绘制形成电子动态演示图（即财政地图和国资地图），直观、系统、全面地反映南宁市公共资产负债、财政收支、国企财务和重大项目进展情况，为实时掌握南宁市公共资产负债状态提供了直观展示图。

二是创新风险预警机制，强化债务管控。财政地图能反映政府资产负债、债务率等数据的变化，对南宁市的整体债务情况进行风险预警提示，为财政管理决策提供重要依据，预防发生超越财政承受能力的负债，守住不发生系统性金融风险的底线。国资地图可以清晰地展示市国资委监管的九大集团公司230多家国有及国有控股企业的资产负债及其变动情况，并结合2018年9月中共中央办公厅、国务院办公厅印发的《关于加强国有企业资产负债约束的指导意见》的要求，通过合理设定企业年度资产负债率预警线、重点监管线，完善国有企业资产负债自我约束机制，监管部门可以实时监控并及时对相关企业进行债务风险提醒和督促，进一步健全监管企业债务管控机制。

三是推进财政一体化建设，夯实数据基础。为解决原有财政业务系统数据统计复杂、口径不统一、单位用户登录多个系统等“痛点”问题，智能云平台通过推进财政一体化建设，在基础信息库和滚动项目库的基础上，打破了原先由多厂商、多系统建设产生的财政数据壁垒，建立了统一的数据标准和数据存储。截至目前，财政一体化系统已上线预算编审系统、指标管理系统、国库集中支付系统等十余个子系统模块，保障财政数据实时准确，实现财政资金全生命周期常态化管理，提高了支付清算的工作效率和安全性，为全面实时掌握预算单位财政资金流向打下了坚实基础。

四是推动国资一体化建设，规范国资监管。智能云平台将国资监管的产权管理、投融资管理、财务快报等主要业务上线运行，初步形成了覆盖国资监管核心业务的国资一体化系统和一张层次分明、要素齐全的国资地图，及时、动态、准确地反映市属国有企业资产负债情况，为强化国资监管、预防腐败提供了有效技术保障。2018年基本完成了国资一体化系统与九大集团公司财务软件自动对接工作，通过与企业财务数据库直连自动取数，提升了数据报送效率，减少了人工干预，确保了数据上报的真实性和时效性。

五是创建扶贫资金监管系统，助力扶贫攻坚。扶贫资金监管系统从扶贫资金、扶贫项目、扶贫对象三方面着手，构建扶贫地图，全流程展示财政专项扶贫资金下达、项目确定、项目实施、资金支付、发票报账等情况。同时扶贫资金监管系统通过建立预警监管机制，一是对支出发票进行智能识别、真伪校验，实时将异常信息反馈给纪检监察机关。2017 年系统刚上线时，经对扶贫发票进行真伪检验，发现了 30 张可疑发票线索，纪检监察机关据此立案调查 4 件，给予党纪政务处分 2 人。2018 年系统未发现可疑的发票线索，充分说明了系统发票识别预警机制已形成有效震慑，从机制上促进了扶贫资金报账工作的规范化。二是结合南宁市纪委监委、南宁市财政局稽查大队、监督检查办已查处的案件，设置了 5 类预警条件，分别为“非贫困人口领取扶贫资金”“非贫困村实施扶贫项目”“扶贫资金未完全分配”“资金使用不规范”“支付流程不规范”，其中，系统预警出“资金使用不规范”108 项、“支出流程不规范”225 项。经南宁市财政局稽查大队根据预警提示情况进行核查，最终核实“资金使用不规范”93 项、核实“支出流程不规范”207 项，预警精确度高达 90%。

三　值得推广的经验

智能云平台经过两年多的开发建设，获得了各级领导和主流新闻媒体的肯定与支持，并在全国形成了示范推广效应。2017 年 7 月 4 日，广西壮族自治区政府主席陈武对平台进行了专项调研，充分肯定了项目成果，并要求南宁市依托财政云平台率先在科学调整负债规模和结构、防范和化解地方债务风险方面做出探索。2017 年 8 月 14 日，中央深改委经济研究局冯海发局长率中央改革办督察组调研“财政云平台”，认为平台对实现公共资产全貌管理、防控地方债务风险、促进国有资产保值增值，从源头上构建“不能腐”机制具有十分重要的意义，并勉励南宁市将平台打造成全国公共资产负债管理的标杆和样板。2018 年 1 月 26 日，中央党校教育长、校学位评定委员会主席罗宗毅教授带领中央党校调研组一行调研南宁财政云平台建设，罗宗毅教育长表示智能云平台借助云计算、大数据等科技手段，提高了政府管理效率和治理能力，使决策更科学精准高效，流程更公开透明，其中融资服务平台在构建“不能腐”机制体制方面做出了有益探索。2018 年 6 月 14 日，广西壮族自治区党委常委、南宁市委书记王小东一行调研“财政云平台”时，高度肯定平台建设成果及平安的专业和效率，提出在功能开发上要深化、在运行使用上更高效、在效率发挥上更充分等要求。

四　创新点

南宁市公共资产负债管理智能云平台，形成“一套系统”（包括财政一体化、国资一体化、财政地图、国资地图和扶贫资金监管系统）的建设成果，围绕实现公共资产“摸得清”“来去明”“管得住”“利用好”的目标稳步推进。为解决政府公共资产负债管理存在的底数不清、监管滞后、国有资产运行效率不高、存在权力寻租空间等“痛点”“难点”问题，进行积极探索。

南宁市公共资产负债管理智能云平台，凸显了南宁特有、全国首创的品牌特色，为“壮美广西·财政云·国资云”建设起到良好的探索和示范作用。

本文主创团队：中国平安重庆金融资产交易所有限责任公司

执笔人：邹波

首单茉莉花降雨指数保险

一　情况概述

（一）产品背景

广西横县作为全国最大的茉莉花生产及加工基地，全县种植面积常年稳定在 10 万亩以上，花农 33 万人，年产鲜花 8 万吨，茉莉鲜花产量占中国总产量的 80% 以上，占世界总产量的 60% 以上，全世界每 10 朵茉莉花就有 6 朵是出自广西横县，横县也因此享有“中国茉莉花之乡”的美誉。由于茉莉花受自然灾害和病害等风险因素影响较小，常规的种植保险对花农吸引力不足，但花价受降雨因素影响发生波动而对花农收入造成影响成为了产业发展的一大痛点，连续阴雨天气对花价的影响则更大，影响较大时花价直接下跌的幅度可达到正常价格的 40% 以上。

为进一步推进农业供给侧结构性改革，推动横县茉莉花产业高质量发展、助推乡村振兴、助力脱贫攻坚，中国太平洋财产保险股份有限公司广西壮族自治区分公司（以下简称“太平洋产险广西分公司”）通过借鉴国内气象指数保险的成功经验，创新性地将花期降雨天数设置为保险责任触发点，开发了横县茉莉花降雨指数保险。2019 年成功在广西横县承保茉莉花 758 亩。这是广西保险行业首款具有政府财政资金补贴功能的种植业气象指数保险，这对于整个广西保险行业来说，是一次大胆的创新和尝试。

（二）承保理赔情况

2019 年共计承保 758 亩，签单保费 102330 元。

根据气象观测站提供的相关气象证明数据，确定在本保险期限内降雨天数为97天，触发保险责任，按约定每亩赔偿金额为60元，本项目预计赔付45480元，简单赔付率为44.44%。

二　主要模式和成效

（一）主要模式

1998~2017年20年间的5月份至10月份期间的降雨情况为，平均每年累计降雨天数为100天，最少降雨天数为84天，最高降雨天数114天。根据保障农户积极性和产品达到精准扶贫标准的指导思路，结合近年降雨趋少的特点，保险设计给予了触发责任的优惠设计，将保障责任触发天数调整为95天，当保险期间达到这一条件，则按约定进行赔付。产品方案具体如下。

1. 保险标的：茉莉花。

2. 保险范围：广西壮族自治区南宁市横县范围内。

3. 被保险人：试点范围内种植茉莉花的农户、农业生产经营组织和企业（以下简称“花农”）。

4. 保险期间：每年4月30日20时起至当年10月31日20时止，覆盖全年茉莉花主要采收时期。

本保险方案暂定期限3年，2019年在标准化种植的农户中推广，2020~2021年在全县范围内扩大推广。

5. 保险责任：保险期间，承保区域累计降雨天数达到95天以上视为保险事故发生，保险人根据保险合同约定的方式负责赔偿。

本项目方案以横县国家气象观测站编号59441采集的数据为准，不论降雨量大小，只要日（24h）累计降雨量>0（包括微量），就视为降雨一天。

6. 保费方案：（1）保险金额：3000 元/亩，主要考虑基本覆盖茉莉花每年投入的肥料成本，保险金额可根据财政实际情况上下浮动，最高不应超出投入成本。

（2）保险费率：4.5%。

（3）保费：135 元/亩。

7. 财政补贴：根据广西壮族自治区财政厅《关于开展 2019 年政策性农业保险工作的通知》（桂财金〔2018〕84 号）文件精神，每个市县可自行选择、新增设立 1～2 个申请自治区财政补贴的地方特色险种，自治区财政按保费的 30% 给予奖补，市县财政承担保费不少于 15%，农户负担保费不高于 55%，具体负担比例各市县可根据自身财力与农户、行业主管部门及保险承办机构协商确定。

由于本保险是创新型气象指数类保险，为保证试点效果，确保可持续开展，按照政府的要求和建议，第一年自治区补贴 30%，农户自缴 20%，县财政补贴 50%，后期根据试点情况、农户投保意愿和政策调整情况再每年调整确定。

（二）主要成效

1. 探索用经济政策扶持特色产业发展的道路，促进特色产业健康发展。

2. 有效降低农业保险产品管理成本。天气指数保险管理成本远远低于传统农业保险，主要由于天气指数保险合同是标准化合约，无须根据参保人的变化来调整合同内容；一旦发生保险责任损失，保险公司并不需要复杂的理赔技术和程序，只需从气象部门获取统计的气象数据，保户可直接按照公布的指数领取赔偿金。

3. 助推脱贫攻坚工作意义重大。广西是重点扶贫省份，在横县，种植茉莉花是当地农民有效的脱贫致富手段，通过改变现有的保险模式，充分发挥保险为种植茉莉花的农户提供保险保障的作用，进一步降低茉莉花种植户在种植生产过程中因灾损失的风险，充分保障农户收入。

图 1　广西横县茉莉花降雨指数保险赔付启动会

三　值得推广的经验

（一）尝试利用气象指数保险突破传统保险束缚。如常规险种开展不理想的、保障效果不佳的险种或气象灾因影响较为明显的均可尝试利用完善的气象数据开发相应险种。

（二）加强对特色农业产业的调研。多走访、多请教基层管理部门、技术部门和广大农户，充分了解保险需求，针对痛点提出保险解决方案，并广泛征求政府、农户的开展意愿。

（三）加强对创新型农业保险产品的面对面解释、宣传和推动。

（四）广泛借鉴国内先进地区经验，推动产品不断更新迭代，为特色产业品种设计更加符合实际、更能提高农户投保积极性的农业保险产品。

四　创新点

（一）模式创新

横县茉莉花降雨指数保险的成功落地弥补了传统保险只能覆盖生产风险的缺陷，再一次实现了保险产品的创新实践，进一步丰富了对地方特色农业产业的保障，为后期特色创新产品的开发和推广提供了可借鉴的经验。

（二）理赔高效快捷

广西横县茉莉花降雨指数保险与传统保险不同，无须查勘，保险止期一到，直接从气象局取得数据，根据数据得出的结果赔付，减少了成本，加快了理赔效率，真正做到化繁为简，让农户短时间内即可获得保险赔款。

本文主创团队：中国太平洋财产保险股份有限公司广西壮族自治区分公司

执笔人：张爱江、米超

抓住国企混改机遇投资中盐股份

广西北部湾股权投资基金管理有限公司（以下简称“股权基金公司”）成立于2012年7月27日，注册资本11000万元，为广西金融投资集团（以下简称“广西金投”）下属全资子公司，是广西区内第一家私募股权投资基金管理公司，主要发起设立并受托管理各类主题私募股权投资基金，投资参股区内外优质企业，助推资本市场建设。2014年3月28日，为更好适应私募股权投资领域发展，股权基金公司联合区内三家知名民营企业发起设立广西金投投资管理有限公司（以下简称“金投投资公司”），成为可以发起设立有限合伙制私募股权投资基金的管理人。2019年，金投投资公司积极参与资本市场投资运作，发起设立私募股权投资基金投资于中国盐业股份有限公司（以下简称“中盐股份”）Pre-IPO项目。

一　情况概述

为贯彻落实集团“在资产布局和资本市场业务拓展方面实现新突破”的工作要求，加快业务转型升级，金投投资公司作为基金管理人，发起设立广西钦州金投中盐投资管理合伙企业（有限合伙）（以下简称“中盐基金”），面向合格投资者募集1.54亿元，投资于中盐股份Pre-IPO项目，以纯市场化运作发挥资本市场优势参与中盐股份“增资引战”，积极参与央企龙头混改项目，助力集团“二次创业”的同时实现协同发展，互利共赢。

图 1　中国盐业股份有限公司混合所有制改革增资签约仪式

二　主要模式和成效

（一）主要模式

中盐基金以有限合伙制为组织形式，严格遵守中国证券投资基金业协会关于私募基金的各项规定，面向合格投资者进行募集，单笔认购金额不低于 100 万元，金投投资公司作为管理人出资 100 万元，同时负责对参与投资的投资人进行合格投资者认定及风险测评、风险提示等，并在中盐基金成立的第一年按照有限合伙人实际投资规模的 2% 收取管理费，之后的管理费视中盐基金运营情况及中盐股份上市进程调整收取，年度费率不超过 2% 。在中盐基金完成对中盐股份的投资后，若获得中盐股份年度分红，则在扣除日常运营费用及管理费后向投资人进行分配，若未能获得中盐股份年度分红，则不向投资人进行分配。若中盐股份成功上市，中盐基金清算后仍有收益的，则在金投投资公司提取10%业绩报酬后再向投资人按其所持有的基金份额比例进行分配。

（二）取得的成效

1. 金投投资公司依托实际控制人广西金投及下属子公司广西盐业集团有限公司的平台优势，积极参与中盐股份本次混改增资，加深了与央企龙头的联系，为与之协同发展互利共赢奠定了基础，进一步树立了金投投资公司在资本市场的良好形象。

2. 金投投资公司作为管理人仅出资100万元，此外不再追加投资。项目运营管理中可视情况获得不高于基金规模2%的管理费，若中盐股份成功上市也可获得10%业绩报酬，整体投入较小，收益较为可观。

3. 若中盐股份不能够如期上市，中盐基金将作为其股东长期存续，投资人可在锁定期过后自行寻找合格投资者进行转让，金投投资公司作为管理人仅对拟受让投资人进行合格投资者认定，并协助转受让双方办理转让手续，不承担回购义务，不会形成大规模资金占用，整体风险较小。

三　值得推广的经验

（一）立足管理公司业务偏好寻找合适拟投项目

资本市场复杂多变，不同的基金管理人自身情况不同，在主业定位上存在差异，尽管都是股权投资类基金管理公司，在行业选择、风险偏好上均有不同。基金管理人应根据自身业务偏好谨慎选择合适拟投项目，在对项目有充分把控的前提下增强投资者信心，推动基金募集及投资的成功。金投投资公司依托广西金投及相关子公司的平台优势，偏好投向民生领域行业龙头项目，在日常项目储备中也以此为重。

（二）通盘考虑拟投项目情况确定基金组织形式

私募股权基金分为公司制、合伙制及契约制三种组织形式，三种形式各有利弊，在确定基金组织形式前应通盘考虑拟投项目情况，避免出现因基金组织形式制约项目发展的情况。金投投资公司在设立中盐基金时本着方便管理的原则本想选择契约制，但考虑到契约制基金受到监管部门对主板上市公司“三类股东”的限制，最终选择以合伙制为组织形式，有效避免了后续可能发生的不利情况。

四 创新点

（一）建立符合自身主业定位的项目储备库，选择行业龙头企业进行投资

金投投资公司在日常运营中坚持建立符合自身主业定位的项目储备库，依托实际控制人广西金投及相关子公司的平台优势，在民生、环保、科技、大健康等领域均进行了项目储备，并时刻关注行业整体及储备企业个体的发展情况，增强对拟投行业及企业的了解及把控，待时机成熟即参与投资。

（二）调整管理人收入模式，促进投资人积极参投

金投投资公司在本次中盐基金的结构设计中，将管理人的主要收入来源由前端管理费调整为后端分成收益——管理人在第一年收取实际投资规模2%的管理费，之后年度视项目运营情况进行调整，少收甚至不收管理费，待中盐股份成功上市，中盐基金清算后仍有收益的，则先提取10%业绩报酬再向投资人进行分配——以此减轻投资者的成本负担，促使其积极参与本基金的投资，缩短了基金募集期，为后续的管理及投资赢得了充足的时间。

（三）积极进行税务筹划，增强减免税可操作性

金投投资公司在中盐基金设立之前充分考量比较了区内不同地区对于股权投资类企业的税收优惠政策，最终选择了中马产业园作为中盐基金的注册地，为中盐基金及投资者进行了充分的税务筹划，增强了减免税的可操作性，同时也增强了投资者对于管理人的信心，激发了投资者的参投热情，在投资者中树立了良好的口碑。

本文主创团队：广西投资集团有限公司

执笔人：农婧、张裕馨

三　可复制可推广的创新事项

全国首创金融创新事项

一　中银香港后台营运中心成功落地中国—东盟金融城

主要内容：中银香港东南亚业务营运中心在多方联动和努力下，最终落户南宁并在第16届中国—东盟博览会期间顺利开业，在2019年年底前实现了业务上线投产运行。

创新点：一是创造“六联动”金融招商模式，首家引入金融机构区域性后台营运中心并实现规模经营，为广西“四基地”建设提供了可复制可推广的经验。二是创造了中国—东盟金融业务实时跨境处理的先例，为南宁建设面向东盟的跨境清算中心提供了有益探索。三是成为桂港金融合作新典范。

应用价值：一是为广西金融招商提供了“六联动”借鉴模式。二是为同业争取区域性功能总部或营运中心落户广西提供了借鉴。三是为自治区探索完善的人才引领金融发展机制提供了借鉴。四是为金融机构以广西为平台开展东盟金融业务提供了借鉴。

二　设立面向东盟的区域性总部—中国太平保险集团东盟保险服务中心

主要内容：太平财险广西分公司积极响应自治区政府打造金融开放门户核心区和金融要素集聚区政策，积极争取集团支持，设立面向东盟的区域性总部——中国太平保险集团东盟保险服务中心。该中心统筹东南亚机构布局、推动东南亚业务发展，为东南亚分支机构提供人才、技术和后勤保障。

创新点：一是工作机制创新。在广西分公司成立门户领导小组，直接向集团领导指定的专员联络汇报；坚持编写工作简报，将工作进展情况上报集团，特事急事发送专报，确保集团领导随时准确掌握推进情况，为项目推进定向把舵。二是管理布局创新。东盟保险服务中心可借助广西的区位优势，优化中国太平在东盟地区战略布局，着力打造服务中国与东盟合作的专业平台，促进跨境业务综合服务水平的提升，推动跨境保险业务高质量发展。

应用价值：一是东盟保险服务中心以金融开放门户和自贸区为平台，构建东盟及“一带一路”保险服务网络，为东盟及“一带一路”沿线国家和地区居民提供具有中国特色的保险保障服务，助力实现贸易畅通、资金融通、民心相通，为我国金融业扩大开放提供经验借鉴。二是东盟保险服务中心的设立为其他全国性金融机构在广西设立区域性总部提供了可复制、可推广的经验。

三　创建中国—东盟金融信息服务平台

主要内容：中国—东盟金融信息服务平台，是由中国经济信息社依托国家金融信息平台新华财经建设资源，与广西壮族自治区地方金融监管局、大数据发展局、南宁市政府共同建设的一个面向政府、企业和机构的综合服务平台。其以中国—东盟间经贸往来为核心，整合东盟区域金融数据及信息资源，为我国企业“走出去”、东盟企业“走进来”提供资讯、数据、行情、分析咨询等专业化信息服务，打造成为富有中国—东盟特色、辐射中国乃至“一带一路”沿线国家的金融信息服务平台。

创新点：全国首个整合和发布东盟地区金融信息和金融政策动态的平台。

应用价值：可在全国进行推广。以东盟国家作为样板，整合全球国家或地区金融数据及信息，为企业“走出去”和“引进来”提供服务，扩大我国对外开放。

四 建设边境口岸互市贸易结算互联互通信息平台

主要内容：整合市场和政务数据信息，建设基于大数据的边境口岸互市贸易结算互联互通信息平台，实现互市贸易结算全程电子化、在线核验，便利银行核实贸易的真实性，缩短业务办理时间至 1 分钟以内。截至 2019 年 12 月末，平台已实现互市贸易市场服务机构全覆盖，累计核验结算资金 222 亿元，便利边民 9.5 万多人，服务互市贸易资金结算 531 万次。

创新点：全国首个边民互市贸易报关信息与结算信息互联互通平台。

应用价值：可在全国边境地区推广。有利于规范边民互市贸易结算流程，便利银行核实贸易真实性，提升贸易便利化水平，促进口岸经济健康有序发展。

五 中越双边金融机构签订《反洗钱合作备忘录》

主要内容：2019 年 4 月 25 日，中国人民银行防城港市中心支行推动广西东兴农村商业银行与越南工商股份商业银行芒街支行在越南芒街市成功签订《反洗钱合作备忘录》。2019 年 12 月 12 日，中国人民银行百色市中心支行推动柳州银行百色分行与越南投资与发展股份商业银行高平分行签订《反洗钱合作备忘录》。

创新点：中越两国金融机构首次签订《反洗钱合作备忘录》。

应用价值：有助于中越双方金融机构基于共商共享原则，就业务往来过程中的风险防范、人员培训、政策宣传等方面开展广泛和规范的合作，为进一步深化反洗钱合作奠定基础，为推动更多中越金融机构达成反洗钱合作意向提供可借鉴可推广的经验。

六　全国首单跨境机动车辆综合商业保险

主要内容：人保财险广西分公司积极探索推进“一带一路”保险创新服务，签发了全国首单机动车出境综合商业保险，填补了行业出境机动车保险产品的空白。

创新点：由于不同国家的法律、保险监管制度等存在差异，各地跨境车保险的条款、费率都以各地经办公司自行拟定为主，缺乏统一的承保理赔与服务标准。人保财险广西分公司率先采用行业统一的《机动车出境综合商业保险示范条款》，开发了跨境车险新品，精简附加险条款，价格便宜，手续简便，出单快捷，满足了不同车主的多样化需求。

应用价值：机动车出境综合商业保险，内容贴合出境实际的同时，主险与附加险的组合可满足不同消费群体灵活多样的机动车出境保险需求，对冲了广西跨境货物运输、跨境客运旅游、自驾游等带来的风险。

七　首单茉莉花降雨指数保险

主要内容：通过借鉴国内气象指数保险的成功经验，创新性地将花期降雨天数作为保险责任触发点，开发了横县茉莉花降雨指数保险。

创新点：一是模式创新。横县茉莉花降雨指数保险的成功落地，弥补了传统保险只能覆盖生产风险的缺陷，再一次实现了保险产品的创新实践，进一步丰富了对地方特色农业产业的保障，为后期特色创新产品的开发和使用提供了可借鉴的经验。二是理赔高效快捷。广西横县茉莉花降雨指数保险与传统保险不同，无须查勘，保险止期一到，直接从气象局取得数据，根据数据得出的结果赔付，减少了成本，加快了理赔效率，真正做到化繁为简，让农户短时间内即可获得保险赔款。

应用价值：一是尝试利用气象指数保险突破传统保险束缚。二是加强对特色农业产业的调研，多走访、多请教基层管理部门、技术部门和广大农户，充分了解保险需求，针对痛点提出保险解决方案，并广泛征求政府、农户的开展意愿。三是加强对创新型农业保险产品的面对面解释、宣传和推动。四是广泛借鉴国内先进地区经验，推动产品不断更新迭代，为特色产业品种设计更加符合实际、更能提高农户投保积极性的农业保险产品。

八　跨境人身保险保跨境务工人员人身安全

主要内容：2015 年创造性地提出了开展跨境人员意外伤害保险服务的构想，经过持续推动，2017 年在全国范围首家开展跨境劳务人员意外伤害保险服务，2019 年对保险进行提档升级。

创新点：近年来，广西边境地区需要大量的越南人入境劳务，以解决企业用工荒的问题。为使外籍务工人员获得保障，从而安心工作，同时减轻企业、用工单位因劳务人员遭受意外伤害、疾病带来的经济压力，推出适合跨境劳务人员保险保障的服务。根据当地跨境劳务特点，为跨境劳务人员量身打造保险服务。

应用价值：一是为保险行业助推面向东盟的金融开放门户建设提供

思路。二是积累多方协作模式的运作经验。三是为广西深入开展跨境人身保险服务提供示范案例。

九　推动中国银联总公司与自治区政府签订战略合作协议

主要内容：2019 年 7 月 12 日，在“共同推进广西建设面向东盟的金融开放门户座谈会”上，自治区政府与中国银联总公司签署战略合作协议。双方将共同构建智慧支付生态，扩大银联移动支付应用领域；加强跨境支付合作，共同构建跨境风险防控体系；探索技术创新发展，促进前沿领域技术成果转化；加强全方位的金融配套合作，持续深化合作水平。

创新点：这是中国银联总公司首次直接与省级政府签署战略合作协议，在全国率先提出打造移动支付先行区、跨境支付先行区。

应用价值：战略合作协议的签署，有助于推动广西移动支付便民工程向纵深发展，助推金融创新和普惠金融，构建智慧支付生态，促进广西金融开放门户建设。

十　平安融资服务平台

主要内容：平安融资服务平台通过建立“线上服务与线下服务相结合、标准化推动与个性化需求相补充”的特色服务体系，为企业提供多样化、个性化融资模式和智能化融资方案等，并为政府提供前沿专业的金融智库服务。

创新点：一是强化国资融资监管，实现国有资产保值增值。二是建立高效的国企融资线上公开竞价模式。三是拓宽企业融资渠道，有效降低融资成本。四是打破原有利益壁垒，营造公平竞争环境。

应用价值：一是借助融资服务平台，强监管、降成本、防腐败，有效强化国资融资监管，实现国有资产保值增值，降低企业融资成本。二是扩大融资服务范围，缓解企业融资难、融资贵问题。

十一　引入非中资境外银行参与人民币对瑞尔银行间市场区域交易

主要内容：引入柬埔寨加华银行成为人民币对柬埔寨瑞尔银行间区域交易报价行。

创新点：柬埔寨加华银行是首家参与我国银行间市场区域交易的非中资境外银行。

应用价值：可在全国银行间区域交易市场推广。有利于提升市场交易的活跃度，增加区域交易市场广度和深度。

十二　壮美广西·财政云·国资云——南宁市公共资产负债管理智能云平台

主要内容：2016 年底平安集团与南宁市政府通力合作，在全国首创地方政府公共资产负债管理智能云平台，助力“壮美广西·财政云·国资云”建设。

创新点：一是构建电子动态地图，全景展现政府“家底”。二是创新风险预警机制，强化债务管控。三是推进财政一体化建设，夯实数据基础。四是推动国资一体化建设，规范国资监管。五是创建扶贫资金监管系统，助力扶贫攻坚。

应用价值：智能云平台围绕实现公共资产“摸得清”“来去明”“管得住”“利用好”的目标稳步推进，凸显了南宁特有、全国首创的品牌特色。在摸清政府家底、加强地方财政和国资管理、降低融资成本、完善扶贫资金监管、遏制扶贫领域腐败、构建“不能腐”机制体制等方面做出探索。

十三 平安“三村”建设工程：金融 +智慧精准扶贫

主要内容：2018 年平安集团公益投入 100 亿元，面向“村官、村医、村教”所涉及的三个方向，实施产业扶贫、健康扶贫、教育扶贫，助力中国新时代美好生活的实现和美丽乡村的建设。

创新点：一是全国首个以集团为单位，全面调动集团资源，注重“扶贫同扶态、扶智相结合”，积极创新，面向“村官、村医、村教”所涉及的三个方向，实施产业扶贫、健康扶贫、教育扶贫。二是“金融 + 智慧”精准扶贫，通过利息减免等金融措施，扶持当地优势产业；打造三村“智慧扶贫”，依托于平安先进的 AI、大数据科技优势，确保扶贫贷款精准到户，借助远程医疗平台、远程教育平台，将在城市推行的“智慧医疗”“智慧教育”复制推广到贫困地区，向贫困地区输送优质的医疗、教育资源。

应用价值：一是实施产业扶贫、健康扶贫、教育扶贫有利于建立长效扶贫机制，真正带动贫困户实现稳定脱贫，切实助力中国新时代美好生活的实现和美丽乡村的建设，更好地支持、服务民生和实体经济。二是“金融 + 智慧”精准扶贫紧跟时代步伐，走在时代前沿，有利于推动贫困地区快速高质脱贫。

十四 举办首届中国—东盟金融交流会

主要内容：2019 年 10 月，首届中国—东盟金融交流会在南宁举行，来自中国和东盟国家中央银行与商业银行的中外嘉宾重点围绕本币跨境使用、推动各方金融政策制定等开展业务交流，探讨金融合作新路径，凝聚各方共识，深化金融合作，促进共同发展。2020 年拟在广西举办 4 期面向东盟的交流与培训会，每期以一个东盟国家金融机构为培训对象。

创新点：全国首个由省级自律机制组织的面向东盟的金融交流培训会。

应用价值：可在全国推广。本次交流会为中国与东盟各金融机构之间提供了有效的沟通平台，成为中国—东盟金融交流合作基地的有机组成部分。

全国较早开展金融创新事项

一 跨境金融区块链服务平台试点

主要内容：2019 年 10 月 12 日，广西正式获批开展跨境金融区块链服务平台试点，一定程度上缓解了中小企业融资难、融资贵问题，有效推动了跨境融资金融业务发展。截至 2019 年底，平台累计办理出口贸易融资超一千万美元。

创新点：一是创新应用区块链技术，为银行办理融资申请、报关单真实性核验、防范报关单重复使用和超额融资、审核融资项目等提供有效解决方案。二是建立银企间端对端的可信信息交换和有效核验、银行间贸易融资信息实时互动等机制，打造跨境金融领域信用生态环境。

应用价值：一是提升了银行融资业务办理效率，有效降低银行风险，增强银行融资业务办理意愿。二是有效降低企业融资成本，端对端的工作机制提升了企业融资成功率，缩短了融资申请周期，企业资金融通效率进一步提高。三是通过在平台中嵌入业务和监管规则，实现监管和服务的有机统一，丰富外汇管理部门事中、事后监管手段。

二 创建再贷款再贴现示范行和示范区

主要内容：在广西开展“双示范”创建工作，建立监测制度，评选首批再贷款、再贴现“双示范”单位 28 家，并进行现场授牌。

创新点：在全区开展创建工作，完善正向激励机制，对“双示范”单位给予政策支持，实行动态调整机制。建立台账制度，加强监测分析。

应用价值：以“双示范”创建为抓手，充分发挥再贷款、再贴现货币政策工具引导带动作用，疏通政策传导渠道，引导金融机构加大对民营小微等薄弱领域的支持力度，相关经验案例可复制推广。

三 工商银行广西分行拓展境外机构投资银行间债券市场业务（CIBM）

主要内容：2019 年全年，工商银行迪拜分行通过工商银行广西分行进行银行间债券市场投资金额达 300 多亿元人民币，办理跨境人民币收付结算 460 多亿元。此外，还有南山人寿保险公司、澳门立桥银行、新加坡华侨银行、马来西亚丰隆银行等境外机构已开户或正申请开户。

创新点：工商银行广西分行积极开拓资本市场跨境人民币业务，充分利用工商银行中国东盟（南宁）跨境人民币业务中心平台，内外联动，率先在广西市场开展境外机构投资银行间债券市场业务，在跨境投资国内银行间债市领域取得了重大突破；成为工商银行系统内继北京、上海后第三家、广西同业系统内第一家可以办理境外机构投资银行间债券市场业务（CIBM）的一级分行。

应用价值：一是丰富了跨境人民币业务产品和客户群体，优化了广西区域跨境投融资渠道，进一步将跨境人民币客户延伸至境外金融机构。二是为广西金融业扩大资本市场领域对外开放开辟了一条新道路，将带动更多的创新应用，进一步提升金融开放门户在全国、在东盟国家区域的地位。

四 关税保证保险提高通关效率降低通关成本

主要内容：2018 年 11 月 1 日，海关总署、银保监会在全国海关范围内开展关税保证保险改革试点。2018 年 11 月 2 日，作为三个试点保险公司之一，人保财险广西分公司签下了广西区内首批关税保证保险单，开启了广西关税担保模式的新篇章。

创新点：一是提升了通关效率。进出口企业凭借保险公司出具的“关税保证保险单”向海关办理税款类担保手续，即可实现“先放行后缴税”，全流程线上办理，无纸化操作，实现“数据多跑路，企业少跑腿”。二是降低了通关成本。关税保证保险不要求公司缴存通关保证金，相关保险保障的准入门槛显著低于银行保函，既不占用企业流动资金，又不占用企业授信额度，有效降低通关纳税成本。

应用价值：关税保证保险有效解决中小企业担保申请成本高、手续繁复等问题，真正做到让企业“省钱、省时”，缓解中小企业融资难、融资贵问题。关税保证保险可惠及失信企业以外的所有进口企业，为企业取得海关税收担保提供了新的选择路径，为企业减负增效，使营商环境优化。

五　广西线上政采贷融资业务成功落地

主要内容：2019 年 10 月 31 日，广西柳州市线上政采贷业务落地。截至 12 月末，柳州线上政采贷授信总额累计 400 万元，商业银行通过平台向 3 家供应商发放信用贷款 55 万元。

创新点：实现柳州市政府采购系统与中征应收账款融资服务平台的系统对接。柳州市成为全国第五个政府采购应收账款全流程线上融资的地区。

应用价值：有利于激活政府采购合同价值，支持参与政府采购的民营和小微企业运用平台，快速开展应收账款融资。银行审批时间从原来的线下 20 天左右缩短至线上的 7 天左右，办理提速率达 65％。

六　平安智采供应链金融平台

主要内容：平安智采供应链金融平台给建筑企业提供免费搭建统一集中采购招标管理平台和自营线上物资采购平台，将建筑行业供应链数据和应收账款资产集中到平台，各金融机构对其平台上的客户提供保理及更具针对性的金融服务。

创新点：一是平台作为国内较早的龙头公司背书的产业互联网平台，为互联网市场下半场的产业互联网金融吹响了冲锋号。二是平台整合建筑企业建材采购数据，形成建筑企业的信用体系及风控模型，方便金融机构更快捷地介入广西地区建材供应链市场并提供相应的服务。

应用价值：平安搭建的统一集中采购招标管理平台促进了广西建工、广西路桥等省重点建筑企业阳光采购、规范采购、效率采购的改革进程；实现建筑企业对项目成本的精准估算和决策，实现降本增效；推进了广西的供应链金融建设，对完善广西金融服务体系起到积极的促进作用。

广西首创金融创新事项

一　“十个统一”模式优化金融营商环境

主要内容：招商队伍配置统一，宣传视频、宣介PPT统一，汇报材料、招商资料统一，政策框架、协议文本统一，步调节奏、环节控制统一，评价反馈统一。

创新点：一是优化金融营商环境“十个统一”模式是金融开放门户领导小组办公室实践探索的成果，解决了金融招商活动专业化人才不足和实效不突出的问题。二是优化金融营商环境“十个统一”模式设计标准化格式和标准化动作，通过案例说明，更便于全区复制推广。

应用价值：一是涉及的宣传视频、宣介PPT、汇报材料、招商资料、政策框架、协议文本均为标准化格式，提出的队伍配置以及开展金融招商活动的步调节奏、环节控制和评价反馈环节均为标准化动作，便于全区复制推广。二是设计优化金融营商环境“十个统一”模式，也是金融软实力建设的重要组成部分。

二　打造边境口岸互市贸易结算互联互通信息平台

主要内容：互联互通平台目前已实现边民互市贸易单证数据线上传输、贸易背景真实性无纸化核验和业务报表统计分析等全流程功能。平台已基本实现全区主要口岸和边贸结算银行的业务覆盖，已连接崇左、东兴和百色三个地市共计13个互市点、16家口岸服务中心、9家结算银行以及2家第三方支付公司，有效提升了边民互市贸易结算便利化水平，促进了边民互市贸易的规范合规和支持广西边境地区经济高质量发展。

创新点：一是实现无纸化结算流程。通过数据的全流程运用，让边民和企业少跑路、少制单，银行少录入、少操作，减少纸质材料递交和现场确认环节，形成更为高效便捷的业务受理机制。二是建立全方位监管机制。实现中国人民银行与监管部门、市场主体之间的数据交换和互联互通，推动跨部门间的“信息互换、监管互认、执法互助”，打造完整经济金融生态圈和全方位监管机制。三是完善数字化金融服务。推动数字化金融管理模式创新，丰富线上金融业务场景应用，进一步优化营商环境、服务实体经济、促进贸易便利。

应用价值：一是明确业务模式和平台设计方向，使平台真正有场景落地，切实帮助边贸结算提升效率和降低业务风险。二是把握口岸边境贸易结算工作痛点，了解市场主体对改善营商环境、金融机构对操作便利和合规、监管机构对数字化高效监管的需求，开发出实用的系统工具，较快实现全区上线和推广。三是创新系统流程，在流程管理关键部位设置监管节点，借助区块链数据技术、分布式网络结构等多元化技术，进行实时监测、数据交互和大数据分析，提高业务效率、降低监管成本，及时掌握贸易结算动态。

三　开展更高水平贸易投资便利化试点业务

主要内容：支持广西优质企业直接凭收付款指令，在自贸区银行办理货物贸易、服务贸易人民币跨境结算业务（转口贸易、退款除外），以及资本项目人民币收入资金在境内的支付使用。

创新点：选取了首批70家优质企业，在广西首次落地实施本政策。

应用价值：已在全国各自贸区推广。进一步提升广西跨境人民币业务办理便利化水平，推动形成更便利的贸易投资环境。

四　探索金融债券支持绿色产业发展取得新突破

主要内容：指导广西城商行累计获得 100 亿元绿色金融债发行额度，并完成实际发行 70 亿元。

创新点：广西绿色金融债券发行主体实现城商行全覆盖。

应用价值：法人金融机构通过发行绿色金融债券开展直接融资，丰富低成本的绿色信贷资金来源渠道，加大信贷支持绿色产业精准化发展力度，促进绿色产业高质量发展。

五　首例成功调解虚假陈述纠纷案

主要内容：2019 年 10 月，在广西证监局的指导支持下，中证广西调解工作站成功调解徐某等 4 名投资者与 ST 慧球的证券虚假陈述纠纷，这是中证广西调解工作站独立承接并成功调解的首例虚假陈述纠纷案件。

创新点：一是通过中证广西调解工作站开展调解工作，开辟了证券市场纠纷化解的新渠道。二是通过中国投资者网在线申请受理，利用现代通信技术沟通协商，创立了全程非现场调解的新模式。三是通过协商认定虚假陈述实施日、揭露日、损失计算方法，创立了虚假陈述损失赔偿标准。

应用价值：一是通过示范案例，引导更多市场主体依托中证广西工作站进行调解，化解证券市场纠纷。二是创立非现场调解，大幅提升证券市场纠纷化解效率，降低维权成本。三是创立虚假陈述损失赔偿标准，支持后续证券市场纠纷调解。

六　为柬埔寨加华银行融出人民币资金

主要内容：国家开发银行广西分行为柬埔寨加华银行提供 4 亿元人

民币贷款，为其业务开展提供人民币流动性支持。

创新点：广西向东盟国家银行业金融机构提供人民币流动性支持的首笔业务。

应用价值：可在全区探索推广。有利于推动东盟国家开展人民币业务，推动人民币在东盟国家的使用。

七　与金砖国家新开发银行合作支持生态修复工程

主要内容：崇左市城区生态水系修复工程项目由金砖国家新开发银行提供贷款3亿美元，农发行作为该项目的国内配套资金提供方，已审批贷款7亿元人民币，目前已投放1亿元。

创新点：为广西首个利用国外贷款的精品和标杆项目，创新了国内银行与金砖国家新开发银行合作模式。一是创新“土地+”模式带动无现金流项目融资。用土地指标交易收入带动项目融资，落实贷款的第一还款来源和第二还款来源。二是贷款资金“各司其责”。制定《项目分年度资金使用计划表》，明确双方贷款支持的工程和比例，有效避免信贷资金交叉使用。

应用价值：一是把握政策，灵活整合。探索使用土地指标交易收入覆盖第一还款来源和第二还款来源，有效解决公益性项目的还款来源问题。二是提升站位，主动出击。积极对接项目业主及政府各部门，与金砖国家新开发银行充分沟通，为项目量身定制融资服务方案，最终实现当月的审批在当月完成投放。

八　创新模式支持玉林北流市集建地入市

主要内容：以“1+2+1”集建地入市运作模式支持北流市6个片区、9639亩、总投资额72.08亿元的项目，考虑到各片区项目成熟度和进度情况，先期支持2个项目、总投资额24.75亿元，合计融资19亿元，目前已批复19亿元、投放6亿元，架起农地入市桥梁，通过政银企三方合力实现多方共赢，彻底激活农村土地资源活力。

创新点：创新“1+2+1”集建地入市运作模式，即由政府一方主导项目规划，包括出台试点政策、制定运作方案；项目公司和村集体双方通过委托关系联结为新型入市主体与融资主体，项目公司受托进行抵押融资、土地平整和熟化（五通一平）、入市事宜；农发行一方发挥政策性引领作用提供融资支持，土地以拍卖形式交易后，以土地成交金结算项目公司还本付息成本，村集体以自有集建地抵押价款作为项目第二还款来源。

应用价值：对于充分盘活土地资源，提高土地综合收益，推动新型城镇化建设，提高村集体和农民收益有重要意义：一是推动土地增值，激发农村土地资源活力。二是打破二元土地管理机制，有效推动新型城镇化建设。三是弥补集建地入市项目的资金缺口，为乡村振兴资金开源。四是保障村集体和农民的利益需求。

九　“跨境贷”助力进出口小微企业发展

主要内容：基于“单一窗口”聚集的企业报关单、税单等数据信息，构建业务模型，2019年10月30日创新推出“跨境贷”小微企业贷款品种，为优质进出口企业提供线上信用贷款。截至2019年11月末，工商银行广西分行主动为近1000户进出口小微企业核定“跨境贷”信用贷款授信额度8亿元。

创新点：一是主动授信，精准推送。企业可在“单一窗口”平台直接查看“跨境贷”审批额度。二是线上办理，快速放款。企业只需在“单一窗口”与工商银行完成三方协议签订、银行用户绑定、融资申请三个步骤，最快1~2天即可实现放款。三是纯信用、低成本、可循环。

应用价值：一是有效缓解进出口小微企业“融资难、融资贵”难题。贷款年利率低于5%，助力进出口小微企业融资便利化。二是运用金融科技破解小微企业融资难题。推出基于企业结算、工商、税务、海关、商户收单、代发工资和自有资产等数据的多个线上融资场景，惠及全区近3000户小微企业。

十　多行联动筹组境外项目经营周转国际银团

主要内容：建设银行广西分行、进出口银行广西分行牵头联合农业银行广西分行、建设银行马来西亚有限公司，利用跨境金融创新大力支持中国与东盟的经贸合作，在先期完成马来西亚马中关丹产业园350万吨钢铁基地项目贷款银团筹组后，再次落地解决“一带一路”重点项目经营周转资金瓶颈问题的联合钢铁（大马）有限公司34亿元经营周转国际银团项目。

创新点：一是创新业务模式。采取“流动资产贷款＋国际信用证＋NRA账户融资”的组合方式为企业提供融资。二是细化银团结构。银团内部结构分为支持流动资金贷款的A组及支持贸易融资业务的B组。

应用价值：一是该模式可在广西区内推广复制。二是该项目对推动我国优势钢铁产业向东盟地区转移和促进我国与东盟国家的合作有着重大意义。三是促进了中国与东盟的金融合作。

十一　创新机制支持边贸互市结算

主要内容：2019年11月27日，农业银行凭祥市支行与敏付科技有限公司合作，成功办理全区首笔边民互市结算业务，这是继农业银行2017年在凭祥创新推出“边贸互市通”资金结算平台，成为首家实现边贸互市交易系统银企直联银行以来，再次开全区银行业与第三方支付机构合作之先河，开创边贸互市结算新机制。

创新点：一是满足了边境互市贸易结算高效、便利的新需求。二是符合了监管机构最新的政策要求。三是开创了边境贸易互市结算新模式，每笔交易与结算都具有唯一、可查询、可统计、效率高等特性。

应用价值：一是该模式可在广西各边境城市推广复制。二是助力广西边境贸易发展，对推进边贸结算业务合规发展有着非常重要的意义。三是符合第三方支付机构跨境支付结算的监管要求，使参与互市贸易的越南商户、中国边民都通过交易结算信息管理平台进行规范贸易与结算。

十二　广西非银行支付机构开展跨境人民币结算业务

主要内容：敏付科技有限公司与广西辖内银行合作，为企业和个人跨境货物贸易、服务贸易提供人民币结算服务。

创新点：首个广西地方法人非银行支付机构与银行机构合作开展跨境人民币结算业务。

应用价值：可在全区推广。有利于推动中国（南宁）跨境电子商务综合试验区建设，满足市场主体多元化金融服务需求。

十三　龙州精准防贫

主要内容：2019 年 6 月，中国人寿广西分公司在崇左市龙州县创新推出“精准防贫保险”项目。该项目能够有效地解决非贫低收入户和建档立卡贫困户因病、因学和因灾致贫返贫问题。

创新点：一是由“精准扶贫”向“精准防贫”转变。在脱贫攻坚新形势下，将脱贫攻坚工作重心转移到“精准防贫”上。二是由行业扶贫向合力扶贫转变。中国人寿主动协助政府深入开展入户调查、异地核查等服务，有效破解政府人力不足的难题，并以强大的科技优势、专业的运营团队、高效的服务质量，在精准识别、及时预警、便捷申请、高效给付等方面做出新的探索。

应用价值：一是依托大病保险，启动防贫机制。二是政保结合，确保精准防贫。三是合理设置防贫保险补偿条件、报销标准。

十四　跨境保险创新

主要内容：出口信用保险公司扩大出口信用保险渗透率和覆盖率，使出口信用保险成为企业出口贸易的避险金融工具和增信融资工具，促进了外贸稳定增长。

创新点：一是政保互动，扩大出口信用保险知晓度和覆盖率，出口信用保险对出口企业覆盖率快速攀升至 58%，高于全国 30 个百分点。二是优化服务，提升理赔效率，2019 年平均理赔结案时间较 2017 年缩短 71 天，大大缩短了结案时间。三是银保合作，开发信保贷产品，出口企业申报出口并在线上完成投保后，即可获得授信，缓解了中小企业融资难、融资贵的问题。

应用价值：一是有利于促进外贸稳定增长，服务“一带一路”建设和企业“走出去”。二是有利于出口企业利用保险工具转移风险和增信融资，解决政治风险和融资难问题。

十五　平安“扶贫保”落地广西构筑产业扶贫闭环

主要内容：2019 年，平安产险“扶贫保”模式成功落地广西河池市罗城县、百色市隆林县，通过提供贷款贴息、协助农产品销售、引入现代化农业技术等构筑产业扶贫闭环，将“输血式”扶贫变为“造血式”扶贫，带动当地现代农业发展，农民增收，助力当地实现脱贫战略目标。

创新点：一是通过贷款贴息及信用保证保险等形式，围绕1个目标产业，发挥资金的杠杆效应，降低扶贫资金成本。二是运用“保险+科技”手段，保证项目的安全运行，降低参与产业扶贫的建档立卡贫困户的经营生产风险。三是打造三大“互联网+协销”模式，构建产销扶贫闭环。四是建立贫困户精准挂钩机制，包括生产资料帮扶、订单回收帮扶、生产技术支持、用工岗位扶贫、土地流转分红等。

应用价值：平安产险广西分公司通过“扶贫保”模式与两县核心龙头企业合作，撬动企业贷款累计500多万元（持续增加中），预计将带动建档立卡贫困户200余户，为县域特色的毛葡萄、柑橘、杉木等产业的升级、持续发展增加动能。随着项目合作的进一步深入，所涉及的产业项目还将带来一定就业机会，实际受益贫困户预计将超过以上预估值。

十六　发行首例纾困专项债

主要内容：2019年8月，广西投资集团有限公司面向合格投资者公开发行纾困专项债10亿元，认购倍数3.07倍，发行利率3.89%，创2017年以来西部地区同级别同期限信用债最低利率的纪录。

创新点：一是通过实力雄厚的广西投资集团有限公司发行纾困专项债，大幅提高债券信用等级，降低债券发行利率，创立了纾困企业的新模式。二是发行公司债券募集专项资金，有利于纾解民营企业融资困境及化解上市公司股票质押风险，拓宽了纾困资金筹集来源。

应用价值：一是通过示范案例，按照市场化方式引导自治区重点企业帮扶广西困难企业。二是通过创新纾困资金筹集方式，拓宽了纾解困难企业的资金渠道，增强了自治区帮扶困难企业、化解金融风险的能力。

十七　股权投资支持地方金融高质量发展

主要内容：广投金控创新通过“投租联动”方式控股并购民营企业广西通盛融资租赁有限公司进入汽车消费金融领域，推动该公司发展成为广西唯一一家规模以上的汽车融资租赁公司，与全国25个省份超过200家汽车经销商合作，服务客户4.5万户，累计带动汽车销售超70亿元。

创新点：一是培育广西唯一一家规模以上的汽车融资租赁公司，支持广西汽车产业做强做优做大。二是国有股东与民营股东实现了资源共享、优势互补，形成在混合所有制改革路径下发展地方金融的有效经验。三是强化科技应用，提高风险与合规管理水平。四是推动全区绿色交通升级，支持发展新能源出租车和公交车，解决融资痛点难点效果好。五是启用“投租联动”并购模式。

应用价值：一是资本招商落实产业承接任务。二是金融创新促进传统产业发展。三是科技赋能牢守地方金融风控底线。四是以商招商共筑融资租赁生态圈。五是国资民营共促地方金融合作升级。

十八　抓住国企混改机遇投资中盐股份

主要内容：广西金融投资集团下属全资子公司广西北部湾股权投资基金管理有限公司是广西区内第一家私募股权投资基金管理公司，通过创新基金模式投资中盐股份 Pre－IPO 项目，以纯市场化运作发挥资本市场优势参与中盐股份“增资引战”，积极参与央企龙头混改项目。

创新点：一是调整管理人收入模式，促进投资人积极参投。将管理人的主要收入来源由前端管理费调整为后端分成收益，以此减轻投资者的成本负担，促使其积极参与基金的投资，缩短基金募集期，为后续的管理及投资赢得了充足时间。二是积极进行税务筹划，增强减免税可操作性。

应用价值：一是立足管理公司业务偏好寻找合适拟投项目。基金管理人根据自身业务偏好谨慎选择合适拟投项目，在对项目有充分把控的前提下增强投资者信心，推动基金募集及投资的成功。二是通盘考虑拟投项目情况以确定基金组织形式。

图书在版编目(CIP)数据

面向东盟的金融开放门户改革创新典型案例. 2019 / 广西建设面向东盟的金融开放门户指挥部办公室编. -- 北京：社会科学文献出版社，2021.12

ISBN 978-7-5201-9574-4

Ⅰ.①面… Ⅱ.①广… Ⅲ.①金融开放-国际合作-案例-广西、东南亚国家联盟-2019 Ⅳ.①F832.6 ②F833.306

中国版本图书馆 CIP 数据核字（2021）第 271614 号

面向东盟的金融开放门户改革创新典型案例（2019）

编 者 / 广西建设面向东盟的金融开放门户指挥部办公室

出 版 人 / 王利民
责任编辑 / 王玉山
责任印制 / 王京美

出 版 / 社会科学文献出版社 · 城市和绿色发展分社（010）59367143
地址：北京市北三环中路甲 29 号院华龙大厦 邮编：100029
网址：www.ssap.com.cn
发 行 / 市场营销中心（010）59367081 59367083
印 装 / 三河市东方印刷有限公司

规 格 / 开 本：787mm × 1092mm 1/16
印 张：12 字 数：167 千字
版 次 / 2021 年 12 月第 1 版 2021 年 12 月第 1 次印刷
书 号 / ISBN 978-7-5201-9574-4
定 价 / 118.00 元